Ernie Hearting — Pontiac

PONTIAC

Sendung und Schicksal
eines großen Indianerhäuptlings

Unter Benutzung von historischen Quellen
aufgeschrieben von Ernie Hearting

Mit 19 Kunstdrucktafeln

ALBERT MÜLLER VERLAG

RÜSCHLIKON-ZÜRICH · STUTTGART · BERLIN · WIEN

ISBN 3 275 00557 x. – 1/6-75. – Printed in Switzerland.

Für
HERMANN WEHRLE
dem unermüdlichen
und unverdrossenen Wegbereiter
meiner Bücher

LITERATURVERZEICHNIS

Abert Britt — *Great Indian Chiefs*
Whittlesey House New York 1938

Francis S. Drake — *Indian History*
Harper & Brothers New York 1885

Friedrich von Gagern — *Das Grenzerbuch*
Parey Berlin 1927

J. Long — *See- und Landreisen*
Hoffmann Hamburg 1791

J. Walker McSpadden — *Indian Heroes*
Crowell New York 1928

Kenneth Roberts — *Nordwest-Passage*
List Leipzig 1938

Friedrich Sieburg — *Frankreichs rote Kinder*
Rainer Wunderlich Stuttgart 1959

John Tanner — *Dreißig Jahre unter den Indianern*
Kiepenheuer Weimar 1958

u. a.

VORWORT

Pontiac? Das Wort mag vielen Leserinnen und Lesern nicht unbekannt sein. Schließlich leben wir ja im Zeitalter des Automobils und jetzt werden viele unter uns zustimmend nicken: Pontiac ist der weltbekannte Name eines weltbekannten Automobils!

Wer aber weiß schon, daß der Name einst einem Indianerhäuptling gehörte, der in der Mitte des achtzehnten Jahrhunderts sich mit seinen Taten für immer in das Buch der Geschichte eingetragen hat? Der für die geschundenen, gequälten und von der Heimatlosigkeit bedrohten Indianerstämme des Ostens zum Einiger und zum Anführer im Kampfe gegen die Engländer wurde? Der die Herzen der Indianer mit Hoffnung und jene der Weißen mit Angst erfüllte?

Das war Pontiac!

Seine Herkunft verliert sich im Dämmerdunkel einer Zeit, die für Indianer nichts anderes übrig hatte als einen gut gezielten Schuß oder bestenfalls einen Becher Schnaps.

Als Häuptling des damals schon in aufreibenden Kämpfen dezimierten Stammes der Ottawa, war er dazu auserwählt worden, den durch den gewonnenen Krieg gegen Frankreich siegestrunkenen Engländern Widerstand zu leisten.

Er hatte sich ein hohes, ein zu hohes Ziel gesetzt: er wollte die Engländer aus Nordamerika verjagen und das von ihnen geraubte und besetzte Land wieder den Indianern zurückgeben.

Für die Indianerstämme von den großen Seen des Nordens bis tief im Süden an der Mündung des Mississippi, war der Name Pontiac ein Fanal, eine hell lodernde Fackel, in deren Schein sie die Morgenröte der wiedergewonnenen Freiheit zu sehen glaubten.

Das war Pontiac!

Sein Name ist auch bei den heute noch lebenden Indianern unvergessen. Die Weißen hingegen ehren das Andenken an ihren einstigen großen Gegner mit der Automobilmarke Pontiac.

Vom Häuptling Pontiac existiert leider kein authentisches Bild.

Zu seinen Lebzeiten hat sich kein Maler gefunden, der es gewagt hätte, das zweifellos markante und ausdrucksstarke Gesicht dieses Indianers auf die Leinwand zu bannen. Und selbst, wenn ein Künstler da gewesen wäre und sich mit der Absicht getragen hätte, Pontiac zu malen, er wäre von den rauhen Grenzern mit Hohn und Spott überschüttet worden.

Zwar ist Pontiac vor seinem Kriege mit den Weißen in hohem Ansehen gestanden und später hat sein Name unter ihnen Furcht und Schrecken verbreitet. Aber trotzdem — er war doch nur ein Indianer, ein Wesen also, das man verachtete und als Ungeziefer behandelte!

Unser Bild von Häuptling Pontiac ist sehr jungen Datums und es ist wohl möglich, daß es nicht weit von der Wahrheit entfernt ist. Unter vielen anderen Darstellungen ist es bei weitem die beste und deshalb habe ich es für dieses Buch ausgewählt.

Die Bilder von W. Langdon Kihn sind von mehrfarbigen Vorlagen reproduziert und zeigen Indianer und Szenen aus dem Leben der Indianer aus der Zeit Pontiacs.

Möge auch dem Häuptling Pontiac die gleiche Anteilnahme beschieden werden wie allen vorangegangenen Büchern.

Ernie Hearting.

I.

Verträumt lag Fort Sandusky in der gleichnamigen Bucht am Erie See.

Ein blauer, wolkenloser Himmel wölbte sich über die anmutige Landschaft.

Leise, in eintönigem Auf und Ab, plätscherten die Wellen gegen das schilfige Ufer, vorwärts und rückwärts, wie der gleichmäßige Schlag eines Herzens.

Die kleine, von Palisaden umfriedete Festung wurde kommandiert vom jungen Fähnrich Paulli, einem Schweizer, der in englische Dienste getreten war.

Mit elf anderen, zum Teil mächtigen und gut bewehrten Forts, bildete Sandusky ein Glied der Grenze zwischen dem Land der Indianer und dem Land der Weißen.

Diese Grenze schwang sich in großem, mehr als sechzehnhundert Kilometer langem Bogen, von den kanadischen Seen südwärts bis zum Appalachen Gebirge, das die Gewässer schied zwischen der Küste des Atlantiks und dem Innern des Landes.

Die Palisaden von Fort Sandusky umschlossen im Geviert die eigentliche, aus mächtigen Baumstämmen gefügte Festung, aus deren Schießscharten die Rohre zweier Kanonen drohten. Das eine Geschütz sicherte gegen die Seeseite und das andere sperrte den Zugang zur Bucht.

Unter dem Dachstock befanden sich das Quartier des

Kommandanten und die Waffen- und Munitionsräume. Den Palisaden entlang zogen sich die Unterkunftsräume der Besatzung und einige Krämer- und Händlerbuden.

Über dem von einem rotröckigen Soldaten bewachten Tor flatterte an einem schlanken Birkenmast der Union Jack, die englische Fahne.

Es war um die Zeit nach Mittag.

Die Soldaten hatten verpflegt und gaben sich nun, mit Ausnahme der Wache, einem wohlverdienten Nickerchen hin.

Fähnrich Paulli hatte vormittags scharf exerzieren lassen. Bald genug würden die brüllenden Stimmen der Sergeanten das letzte Quentchen Schlaf wieder verscheuchen und die letzte Spur Müdigkeit aus den Gliedern treiben — nachmittags mußten die Waffen und die Monturen gründlich gereinigt werden.

Still war es auch in den Krämer- und Händlerbuden.

Die Männer dösten an den Theken oder in ihren Schaukelstühlen — Inbegriff der höchsten Bequemlichkeit an der Grenze.

Aus dem Schankraum Mister Slydes hörte man ein Kind weinen und das keifende Schelten einer Frau.

Aber sonst herrschte tiefe Ruhe.

*

Fähnrich Paulli lag ausgestreckt auf seinem harten Feldbett.

Die Arme hinter dem Nacken verschränkt, schaute er sinnend gegen die Decke.

Er liebte die wenigen stillen Stunden im Ablauf eines Tages, da er allein und ungestört seinen Gedanken nachhängen konnte.

Paulli war jung und von einem gesunden Ehrgeiz erfüllt und seine soldatischen Vorbilder sah er in Oberst Bouquet und Major Ecuyer, Schweizer wie er, die mit ihm bei den englischen Truppen in den nordamerikanischen Kolonien dienten.

Vor allem verehrte er den Major Ecuyer, Kommandant in Fort Pitt, der es durchgesetzt hatte, daß ihm der bewaffnete Platz von Soandusky anvertraut worden war. Wenn alles seinen geregelten Gang nahm, würde Paulli auf Ende des Jahres zum Leutnant befördert werden.

«Es wird langweilig sein auf Fort Sandusky», hatte Ecuyer, ein von der Gicht geplagter und gekrümmter, aber trotzdem lederzäher und eisenharter Haudegen, gesagt. «Aber laßt Euch nicht täuschen, mon fils! Die Indianer sind ein verteufeltes Volk. Keiner von uns weiß, was für Pläne sie hinter ihren braunen Stirnen wälzen. Stellt Euch gut mit ihnen, aber haltet sie in gehöriger Entfernung. Sie können die Franzosen nicht vergessen und die Engländer verstehen es nicht, ihre Herzen zu gewinnen.»

Er hatte warnend den Finger erhoben.

«Laßt Euch von der Langeweile und von der Eintönigkeit des Dienstes nicht anstecken, mon ami. Dem scheinbaren Frieden traue ich nicht. Haltet Eure Männer scharf in der Zucht, Tag für Tag. Dann mögt Ihr das Jahr in

Sandusky ungeschoren hinter Euch bringen und als Belohnung winken die Leutnantsepauletten.»

So hatte der Major Simon Ecuyer gesprochen, und der junge Fähnrich Paulli hatte sich diese Worte zu Herzen genommen und zur Leitschnur seines täglichen Handelns gemacht.

Der kleinen Besatzung, lauter erfahrenen Veteranen, die im Dienste Ihrer Majestät, des Königs von England, schon manchen Strauß gegen die Indianer und gegen die Franzosen ausgefochten hatten, war er ein energischer und gerechter Vorgesetzter.

Bei ihm gab es keine Schlamperei. Die Waffen hatten tadellos in Ordnung zu sein, auf den roten Uniformröcken und auf den weißen Hosen duldete er nicht den geringsten Schmutzflecken. Alles hatte so zu sein, wie es das Reglement vorschrieb und er gestattete keine Abweichung.

Wenn die Soldaten ihren jugendlichen Kommandanten auch nicht gerade liebten, so brachten sie ihm doch ehrerbietigen Respekt entgegen, obwohl ihm mancher unter ihnen gut und gerne hätte Vater sein können.

Aber auch die Krämer und Händler gehorchten Fähnrich Paulli aufs Wort.

Er war gewiß nicht kleinlich, aber er konnte unangenehm werden, wenn sich einer der Zivilisten unbotmäßig zeigte und gegen die Ordnung im Fort verstieß.

Alkoholische Ausschweifungen und jene ungezügelten Lustbarkeiten, wie sie noch unter der Herrschaft der

Franzosen gang und gäbe gewesen waren, hatte er von Anfang an mit geradezu eiserner Strenge unterdrückt.

Ein besonderes Auge hatte der Kommandant auch auf die zweifelhaften Tauschmethoden geworfen, die einige Händler den Indianern gegenüber anzuwenden versuchten.

Zweimal hatte er Weiße in Ketten legen lassen, die skrupellos nur auf ihren eigenen Vorteil bedacht, ihre unwissenden braunhäutigen Geschäftspartner übers Ohr gehauen hatten.

In Fort Sandusky gab es keine bis zur Sinnlosigkeit betrunkenen und völlig ausgeplünderten Indianer mehr, wie das andernorts die Regel war.

Obwohl Fähnrich Paulli, eingedenk der Warnung seines väterlichen Freundes in Fort Pitt, die oft in Sandusky weilenden Indianer mit gemessener Zurückhaltung behandelte, machten diese keinen Hehl daraus, daß sie den «weißen Häuptling» offensichtlich liebten.

Nie erschienen sie mit leeren Händen und sie verstanden es gar artig, ihrem weißen Bruder Geschenke zu überreichen, ohne ihn deswegen in Gewissensbisse zu stürzen.

*

Fähnrich Paullis Gedanken schweiften weit über die Wasserwüste des Atlantiks nach dem fernen Europa, in die kleine Schweiz.

Dort wußte er seine Eltern, seine Geschwister und ein hübsches Mädchen, dem sein junges Herz gehörte.

Wieder sah er das liebliche Gesicht vor sich, aus dessen braunen Augen große Tränen tropften, als er sich verabschiedete, um nach dem «wilden» Amerika zu fahren, um unter der Fahne Englands zu dienen. Nach jenem merkwürdigen und so unermeßlich großen Lande, von dem die einen so viel Wunderbares und die andern so viel Schreckliches zu erzählen wußten, und wo der englisch-französische Krieg tobte. Es ging um Kanada, um den alleinigen Besitz in Nordamerika, soweit es schon von den Weißen entdeckt und erforscht worden war.

Paulli war noch zeitig genug in Boston eingetroffen, um an den letzten Kämpfen teilzunehmen. Er hatte sich ausgezeichnet, war befördert worden und er hatte sich die Freundschaft seines damaligen Vorgesetzten, Captain Ecuyers, gewonnen.

Als der Friede geschlossen wurde und die französischen Truppen Kanada räumten, war Paulli Fähnrich geworden. Er hatte sich, im Hinblick auf seine baldige Beförderung zum Offizier, nochmals für weitere Dienstjahre verpflichtet.

Aber die Verwaltung der britischen Krone arbeitete langsam, überdies war sie knauserig und sie sah nicht ein, warum Paulli als Leutnant besoldet werden sollte, wenn er seinen Pflichten auch als Fähnrich genügen konnte.

Jetzt war er Kommandant in Fort Sandusky und Ecuyer hatte ihm auf Jahresende die längst fällige und verdiente Beförderung zum Leutnant in Aussicht gestellt.

Dann würde er endlich in der Lage sein, jenes Mädchen in der Schweiz nach Amerika zu holen.

Dann wollte er heiraten und eine Familie gründen. Denn jeder Offizier und jeder Soldat, der in den amerikanischen Kolonien unter der englischen Fahne diente, hatte durch königliche Verfügung Anspruch auf ein angemessenes Stück Land, worauf er sich ansiedeln durfte und das ihm ganz zu eigen gehörte.

Später wollte er den Dienst quittieren, um in Amerika Bauer zu werden, wie sein Vater in der Schweiz Bauer war. Er wollte sich ein Haus bauen, Vieh zukaufen, das Land roden und den Boden bebauen.

Aber mitten in diese Zukunftspläne hinein dröhnte plötzlich lauter Trommelwirbel.

Mit einem Sprung war Paulli auf seinen Beinen.

Er spähte durch das Fenster und sah die Wache beim Tor ins Gewehr treten.

«Es werden Indianer sein», murmelte er erbost. Er liebte es nicht, während der Mittagsruhe gestört zu werden.

Flink band er sich die blütenweiße Krause um den Hals, setzte behutsam die gepuderte Perücke auf, zog sich den scharlachroten Rock über, gürtete den Degen um und bedeckte den Kopf mit dem Dreispitz.

Ein prüfender Blick in eine Glasscherbe, die ihm als Spiegel diente, und Fähnrich Paulli verließ korrekt angezogen sein Quartier.

Die Ahnung hatte ihn nicht getäuscht.

Vor dem noch geschlossenen Tor wartete eine Horde Indianer, Huronen und Ottawa. Zwei Häuptlinge unter ihnen, waren ihm gut bekannt: Stumpfer Pfeil und Lahmer Elk. Vier hünenhafte Krieger schleppten einen Hirsch mit mächtigem Geweih — offensichtlich ein Geschenk für ihn, den Kommandanten.

Die Aussicht auf einen saftigen Braten milderte den Unmut Paullis.

Er gab Befehl, das Tor zu öffnen und mit einem freundlichen Lächeln empfing er die würdigen Häuptlinge.

«Wir grüßen den Häuptling der ‚Agalaschima' (Engländer)», sagte der Lahme Elk und er wies auf den Hirsch, den die Krieger auf sein Geheiß dem Fähnrich vor die Füße legten.

«Willkommen in Sandusky», antwortete Paulli höflich und lüftete seinen Dreispitz.

Rasch hatte er festgestellt, daß es an die vierzig Indianer waren, die ihm die Ehre eines Besuches erwiesen. Ihre Bemalung deutete auf keine böse Absicht hin.

Deshalb gab er dem wachthabenden Sergeanten Befehl, die Krieger mit Tabak und etwas Rum zu versorgen.

Die beiden Häuptlinge aber bat er, nachdem er ihnen mit guten Worten für das Wildbret gedankt hatte, in sein Quartier, um mit ihnen die übliche Pfeife zu rauchen.

Stumpfer Pfeil und Lahmer Elk setzten sich auf den Fußboden.

Der Fähnrich bot den Häuptlingen von seinem aromatischen Virginiatabak an, den sie erfreut in ihre kunstvoll verzierten Pfeifen stopften.

Dieser goldbraune, nach Honig riechende Tabak des weißen Mannes schmeckte ihnen erheblich besser, als der grobgehackte Kinnikinnik aus getrockneter Baumrinde, den sie sonst üblicherweise zu rauchen pflegten.

Paulli stopfte sich seine lange weiße Tonpfeife, fischte einen brennenden Kienspan aus dem Kaminfeuer und dann pafften die drei zufrieden und genußvoll.

Blauer Rauch erfüllte die niedrige Stube und blieb als immer dichter werdende Wolke an der Bohlendecke hängen.

Paulli war dieses stumme Verweilen mit seinen braunhäutigen Besuchern gar nicht so unangenehm, obwohl sie ihn manchmal von seinen Pflichten fernhielten. Die Indianer pflegten ihre Besuche nie auf eine bestimmte Zeit zu beschränken. Sie kamen und gingen, wie es ihnen gerade paßte und der Fähnrich war klug genug, stets und unverdrossen freundlich zu bleiben.

Aber da die Indianer zumeist nicht viele Worte machten und — wie jetzt — ruhig ihre Pfeifen rauchten, konnte er jeweils den unterbrochenen Gedankengang wieder aufnehmen.

Sie mochten schon eine gute Stunde beisammen gewesen sein. Paulli überlegte sich eben, ob er doch den Waffenrock wieder ausziehen sollte, denn es wurde nun ganz ordentlich warm in der Stube, zumal jetzt auch die Sonne ihre Strahlen durch das Fenster schickte.

Da schnellten die beiden Häuptlinge unversehens hoch, packten den völlig ahnungslosen und überraschten Fähnrich und ehe Paulli überhaupt wußte wie ihm geschah, lag er schon gebunden und geknebelt auf dem Boden.

Mochte er sich auch winden und drehen wie ein getretener Regenwurm, es nützte ihm nichts mehr.

Hohnvoll schauten die zwei Häuptlinge auf ihr wehrloses Opfer und als der Fähnrich in ihre Gesichter blickte, schauderte es ihn: aus den Augen der Indianer sprühten Haß und Mordgier.

Sie rissen den Gefangenen hoch und schleiften ihn vor die Türe. Da bot sich ihm ein so grauenvoller Anblick, daß er vor Entsetzen erschauerte.

Blutüberströmt, mit eingeschlagenem Schädel und skalpiert, lag die Wache am Boden. Überall sah er nur Leichen. Gräßlich verstümmelte Körper von Soldaten, Zivilisten, Frauen und Kindern, die er alle gekannt, die er seit seiner Kommandoübernahme entweder gelobt oder getadelt, mit denen er gesprochen, gelacht, gescherzt und gestritten hatte.

In der Zeit, da er still und zufrieden mit den beiden Häuptlingen die Pfeife geraucht, hatten die indianischen Krieger ohne Lärm, nach einem genau vorbedachten Plan und mit flinker, schlagsicherer Hand ihr Mordwerk vollbracht.

Das war so ganz gegen ihre Gewohnheit gewesen, daß Paulli die grausame Wahrheit nicht fassen konnte.

Kein wölfisch heulender Kriegsruf war an sein Ohr gedrungen, kein Klagelaut und kein Todesschrei.

Schnell und still war der Tod umgegangen. Von allen jenen, die noch vor einer Stunde das Fort mit Leben erfüllt hatten, war er als einziger übrig geblieben.

Aber nun, da er hilflos, von eisernen Fäusten festgehalten, auf der Schwelle seines Quartiers stand und da die Beherrschung ihn zu verlassen drohte, brach plötzlich die Hölle über ihn herein.

Von allen Seiten kamen die blutbesudelten und skalpeschwingenden Krieger herbeigestürzt, umtanzten ihn schreiend und heulend, bedrohten ihn mit ihren Waffen, daß Paulli glaubte, nun hätte auch für ihn die letzte Stunde geschlagen.

Und das wäre ihm mehr als recht gewesen.

Aus und erledigt waren seine Träume und für alle Zeiten abgeschrieben waren die Leutnantsepauletten.

Durch seine Schuld, so redete er sich ein, war das Fort von den Indianern überrumpelt und seine Besatzung, seine Bewohner hingemetzelt worden.

Was würde Major Ecuyer von ihm denken? Hatte er, Paulli, die Warnungen seines Freundes und Beraters leichtfertig in den Wind geschlagen?

Hatte er es an der notwendigen Vorsicht und Umsicht fehlen lassen?

Stöhnend warf er den Kopf zurück.

Er wollte diese Schande nicht länger überleben und er betete darum, daß ihn der Streich eines Schädelbrechers hinstrecken möge.

Doch das Schicksal erwies ihm diesen Gefallen nicht. Triumphierend schleppten sie den Fähnrich dem nahen Urwald entgegen und als sie eintraten in die erhabene Ruhe des schattigen Domes, hörte er hinter sich das Prasseln eines gewaltigen Feuers.

Die Indianer hatten das Fort in Brand gesteckt.

Da geschah es, daß er erstmals aus dem Munde des einen Häuptlings den Namen Pontiac hörte und er verstand, daß man ihn in Gefangenschaft führen wollte.

Warum nur hatte das geschehen können?

Wieso vergalten die Indianer seine Freundschaft mit Mord und Totschlag? Er wußte keine Antwort darauf, bis er selber vor Pontiac stand und aus dessen Munde vernahm, weshalb sich alles so hatte fügen müssen.

Da brach der Fähnrich Paulli zusammen.

II.

Die Entdeckung und die spätere Besiedlung Nordamerikas war das Werk der Spanier, der Franzosen und der Engländer — vor allem der Franzosen und Engländer.

Aber schon vorher, so weiß uns die Geschichte zu berichten, hatten Basken, Wikinger und Normannen ihren Fuß zeitweise auf nordamerikanischen Boden gesetzt und lange vor Columbus waren normannische und bretonische Fischer auf Neufundland gelandet.

Ende des fünfzehnten und anfangs des sechzehnten Jahrhunderts begannen die Engländer von Süden her und die Franzosen von Norden, von Kanada her, den riesigen, völlig unbekannten Kontinent zu erforschen und auch bald einmal zu besiedeln.

Und schon im Laufe des siebzehnten Jahrhunderts kam es Amerikas wegen zwischen diesen beiden europäischen Großmächten zu Reibereien, die im Laufe der Jahre zu drei großen Kolonialkriegen führten.

Im dritten und letzten Kolonialkrieg, der beinahe zehn Jahre dauerte und der 1763 durch den Frieden in Paris sein Ende fand, wurde Frankreich aus Nordamerika verjagt.

Es verlor Kanada an England und Louisiana an Spanien. Der Union Jack hatte über das Lilienbanner triumphiert.

Der Friede zu Paris besiegelte aber auch den endgültigen Untergang der Indianer, denn genau hundertsiebenundzwanzig Jahre später, 1890, fielen bei Wounded Knee die letzten Schüsse, mit denen die Weißen einer großen Zahl noch frei lebenden Lakota-Indianern auf überzeugende Weise demonstrierten, daß der Stärkere stets im Recht ist.

Entschieden wurde der dritte englisch-französische Krieg in Nordamerika eigentlich 1759, als die Engländer die stolze kanadische Stadt Quebec eroberten.

Die dem Fall Quebecs vorangegangene Schlacht ist deshalb so berühmt geworden, weil in ihr der englische Oberbefehlshaber General Wolfe und der französische Oberkommandierende General Montcalm, gemeinsam den Tod gefunden haben.

Beide Parteien hatten starke indianische Hilfstruppen unter ihren Fahnen.

Die Irokesen, dieses finstere, herrschsüchtige Kriegsvolk, standen geschlossen auf der Seite Englands.

Viele Völker der Algonkin — Huronen, Ottawa, Lenni Lenapen, Schawano, Chippewa, Miami und andere, waren treue Verbündete der Franzosen.

Die Engländer gewannen diesen Kolonialkrieg und die Vorherrschaft in Amerika, weil sie dafür die ganze Macht eingesetzt hatten.

Der französische König, verweichlicht durch das üppige Leben in Paris und in Versailles und bis über die Ohren hinaus verschuldet, brachte dem Krieg nur geringes Interesse entgegen.

Seine Truppen fochten mit glanzvoller Tapferkeit, auch die Indianer, solange Montcalm sie bei der Stange halten konnte. Aber sie waren den nicht minder tapfer kämpfenden Engländern und Irokesen an Zahl und Waffen eindeutig unterlegen und Nachschub aus Frankreich hatten sie nicht mehr zu erwarten.

Anders als die steifen, unnahbaren, gewinnsüchtigen und in ihren Methoden nie von Skrupeln geplagten Engländer, haben sich die Franzosen mit den Indianern stets ausgezeichnet vertragen.

Pontiac selber schilderte das so:

«Die Engländer haben alles das vernachlässigt, was die Nachbarschaft mit den Franzosen so angenehm gemacht und was ihre eigene hätte erträglich gestalten können. Das Betragen der Franzosen gab niemals Veranlassung zu Verdacht; das der Engländer hat mich niemals schlafen lassen.»

Und ein Sachem der Chippewa klagte beim Abzug der Franzosen:

«Ihr habt uns immer umarmt und geküßt und uns eure guten Kinder genannt. Ihr seid auch wirklich unsere fürsorglichen Väter gewesen.»

Und ein amerikanischer Historiker hat zutreffend festgestellt:

«Es liegt ein Etwas im Charakter des Franzosen, das ihn auf beneidenswerte Weise befähigt, sich dem Wesen und den Gewohnheiten der Indianer anzugleichen — ein Etwas, das die Engländer niemals lernten und nie versuchten.»

Die ehemals mit den Franzosen verbündeten Stämme haben nach der Niederlage der Franzosen eine ehrliche Zusammenarbeit mit den siegreichen Engländern versucht.

Die Häuptlinge aller Stämme wären bereit gewesen, alles Vergangene zu vergessen, wenn man sie nur in Ruhe gelassen hätte.

In ihren Herzen lebte die Erinnerung an Frankreich fort, aber sie zögerten nicht, nun ihre Freundschaft auch den Engländern anzubieten.

So war die Ausgangslage gewesen nach der Schlacht bei Quebec und vor dem Frieden zu Paris.

Aber die Engländer wiesen das Angebot der Häuptlinge zurück! Sie waren nicht interessiert an einem gut nachbarlichen Verhältnis mit den Indianerstämmen; sie waren nicht bereit, für die offen dargebotene Freundschaft auch nur einen Penny zu riskieren.

Sie wollten nur eines: Land! Und zwar das Land, das den Indianern gehörte.

So legten sie selber die Lunte zu einem neuen Krieg, bevor der andere überhaupt zu Ende war.

Und zwar gedachten die Engländer den neuen Krieg, den Raubkrieg gegen die Indianer, an einem Zeitpunkt auszulösen, den sie bestimmen wollten.

Doch Pontiac kam ihnen zuvor!

*

Major Rogers war ein englischer Kundschafter-Offizier. Ein tollkühner, mutiger und unerschrockener Mann, schon zu seinen Lebzeiten berühmt in ganz Amerika, soweit dort die englische Sprache gesprochen wurde. Er hatte den Auftrag erhalten, die ehemals französische Festung Detroit und das Gebiet zwischen dem Erie und dem Huron See zu besetzen.

Doch dieses Land war Indianerland. Wenn die Häuptlinge seinerzeit den Franzosen auch erlaubt hatten, zwischen dem Erie und dem St. Clair das strategisch wichtige Fort Detroit zu bauen und mit einer Garnison zu besetzen, so hatten sie doch niemals damit auch ihre Hoheitsrechte über dieses Land an die Verbündeten abgetreten.

Übrigens hatten die Franzosen den mit den Indianern abgeschlossenen Vertrag stets peinlich genau und buchstabengetreu respektiert.

Und nun kam dieser Major Rogers, der die politischen und besitzrechtlichen Verhältnisse genau kannte, und wollte im Auftrag der englischen Krone einfach nehmen, was ihm nicht gehörte!

Dabei darf nicht unerwähnt bleiben, daß Rogers an und für sich durchaus ein Ehrenmann gewesen ist, aber — Befehl ist Befehl! — in solchen Fällen stets bereit war, seine eigene Ehre einer angeblich höheren zu unterstellen.

Der Streifzug nach Detroit versprach Abenteuer, Ruhm und Auszeichnungen.

Und Rogers wäre nicht Rogers gewesen, wenn er etwa mit Rücksicht auf die Indianer diesen Befehl verweigert hätte.

Sicher haben diese Indianer auch den Franzosen geholfen und überhaupt, mit Ungeziefer diskutiert man nicht — man rottet es aus!

So oder ähnlich mögen Rogers und seine Vorgesetzten gedacht haben.

Aber sie hatten nicht mit dem Häuptling Pontiac gerechnet!

Nun, Rogers und seine wagemutigen Männer waren frisch dabei, das zu tun, was man ihnen aufgetragen hatte.

Sie waren schon tief in jenes Gebiet vorgedrungen, das ihnen nicht gehörte. Sie bestaunten die Fruchtbarkeit des Bodens, die Schönheit der Seelandschaft und verwunderlich schien ihnen eigentlich nur, daß sich in dieser paradiesischen Gegend kein Wild zeigte.

Je weiter sie vordrangen, desto lästiger wurde der Hunger. Ihre ohnehin schon geringen Notvorräte hatten sie — im Vertrauen auf den Wildreichtum — schon längst gegessen und nun war nirgends auch nur die Spur eines Tieres zu entdecken, das man hätte erlegen und in einen saftigen Braten verwandeln können.

Ob etwa die Indianer daran schuld waren?

Was wußten diese hungrigen, fluchenden und verbissen sich weiterschleppenden Grenzer über die wahren Herren des Landes?

Sie hatten sie bekämpft, gewiß! und zwar mit einem Eifer, der einer besseren Sache würdig gewesen wäre. Ein jeder von ihnen hatte mehr indianische Leben ausgelöscht, als er selbst an Jahren zählte.

Aber von toten Indianern kann man nichts mehr lernen.

Sie verraten keine Geheimnisse mehr, die man etwa hätte nutzbringend anwenden können.

Und deshalb hatten weder Major Rogers noch irgendeiner seiner Männer eine Ahnung, daß die Indianer schon längst einen jeden ihrer Schritte beobachteten und besonders darauf bedacht waren, Hirsch und Elch und was da sonst an jagdbarem Wild herumstrich, von den Weißen fernzuhalten.

Indianer wußten, wie man das machte!

Und als für Major Rogers und seine Männer die Not am höchsten war, tauchte Pontiac auf!

Dieser Ottawa, ein Mann von imponierender Gestalt und wie ein weißer Zeitgenosse schrieb, «von erhabenem, königlichem Aussehen», muß den vorwärtsstolpernden Grenzern der Kolonne Rogers einen mächtigen Eindruck gemacht haben.

Jedenfalls hob keiner von ihnen die Büchse an die Schulter, um sofort zu schießen, wie das in jener Zeit beim Anblicke eines Indianers sonst üblich gewesen war.

Und es war auch gut gewesen, daß es keiner versuchte. Der Tod wäre ihm und seinen Kameraden zuvorgekommen, bevor der Finger den Abzughahn berührt hätte.

Ungläubig und wohl wider Willen ehrfürchtig, starrte Major Rogers den groß gewachsenen Häuptling an, der da mit hoch erhobener Hand vor ihm stand und Halt gebot.

«Major Rogers», grollte die tiefe Baßstimme Pontiacs, «du bist mutig, aber nicht minder dreist als alle andern Agalaschima. Wer hat dir erlaubt, durch das Land der Indianer zu ziehen? Mir ist nichts bekannt davon, daß zwischen uns einmal ein Vertrag geschlossen worden wäre.»

Es verging wohl einige Zeit, bis der sonst so unerschrockene Rogers seine Sprache fand, um die Frage des Häuptlings zu beantworten.

«Es ist», stotterte er etwas hilflos, «nicht meine Sache, mit dir einen Vertrag zu schließen, Häuptling. Ich bin ein einfacher Soldat und führe nur Befehle aus. Ich dachte... ich glaubte, der große König in England hätte das mit dir geregelt.»

Pontiac ließ den Arm sinken.

Verächtlich schaute er auf Rogers nieder und mit deutlichem Hohn sagte er:

«Was kümmert mich dein König! Du sagst, er ist in England. Wo ist England? Wie will er von England aus mit mir unterhandeln? Aber du stehst vor mir, Major Rogers! Du und deine Männer ziehen hier durch fremdes Land. Und dich fragte ich, wer dir dazu die Erlaubnis gab.»

«Nicht die Erlaubnis, Häuptling, den Befehl!»

Pontiac schnippte mit den Fingern.

«Was heißt Befehl, Major Rogers? Hast du gewußt,

daß du unrechtmäßig fremdes Land betrittst, wenn du dem Befehl gehorchst?»

Rogers wand sich hin und her.

Nie hätte er auch nur im entferntesten daran gedacht, daß ein Indianer ihn einmal in eine so ungemütliche Lage versetzen könnte und noch viel weniger daran, daß er einem Indianer Red und Antwort stehen müßte.

Rogers Männer drängten sich neugierig um ihren Anführer.

Da gab Pontiac ein Zeichen und plötzlich war auch er von vielen bewaffneten Kriegern umgeben.

Der Häuptling lächelte leichthin.

«Ich bin nicht allein», sagte er vielsagend, «aber nun, Major Rogers, ich habe dich etwas gefragt und ich warte auf deine Antwort.»

«Ich habe es gewußt», sagte dieser kläglich und er verfluchte sich, den Häuptling und vor allem seine Vorgesetzten, die ihm diese böse Suppe eingebrockt hatten.

Teufel, das konnte schlimm ausgehen!

«Du hast es also gewußt!» donnerte der Häuptling, daß sein Baß in der Stille des tiefen Waldes widerhallte. Für einen Augenblick flüsterte er dem ihm am nächsten stehenden Krieger etwas zu.

Dieser nickte und verschwand lautlos hinter den Baumstämmen.

«Ich bin Soldat und Offizier, Häuptling. Ich weiß nicht, ob du das verstehst, aber man muß bei uns einem Befehl gehorchen.»

«Ich verstehe wohl, weißer Mann. Aber muß man auch gehorchen, wenn daraus Unrecht entsteht?»

«Man muß!»

«Dann also», fuhr der Häuptling mit erhobener Stimme fort, «hat der für das getane Unrecht zu büßen, der den Befehl ausführt.»

«Jetzt bin ich dem roten Teufel vollends ausgeliefert», stellte Rogers ingrimmig fest.

Er warf einen Blick auf seine ausgemergelten, erschöpften Männer, die ihn erwartungsvoll anschauten.

Nur die wenigsten hatten dem Gespräch folgen können, denn Rogers sprach und verstand gut den mit vielen französischen Ausdrücken vermischten Algonkin-Dialekt Pontiacs.

Alle ahnten aber, um was es in dieser Auseinandersetzung ging.

Inzwischen war der vom Häuptling weggeschickte Krieger wieder zurückgekehrt und nachdem sich Pontiac kurze Zeit mit ihm unterhalten hatte, richtete er das Wort wieder an Rogers.

«Du und deine Männer sind in unserer Gewalt», sagte er einfach, «wenn du den Weg fortsetzen willst, versuche es. Aber fünfmal soviele Krieger als deine Männer zählen, werden mit Freude gegen dich kämpfen.»

Er beobachtete die Wirkung seiner Worte und mit Befriedigung sah er, daß Rogers' Mut und Draufgängertum unter dem Eindruck dieser Mitteilung merklich geringer geworden waren.

PONTIAC
Häuptling der Ottawa und Anführer der verbündeten Indianerstämme
im Kriege gegen die Engländer 1763–1764

Schwarzrock und Irokesenkrieger. «Schwarzröcke» wurden die Jesuitenmissionare von den Indianern gerufen. Es waren bewundernswerte, oft heiligmäßig lebende und wirkende Männer, die da von Frankreich nach dem wilden Kanada hinüberkamen, um das Wort Gottes und die Lehre Christi zu verbreiten. Unter den Stämmen der Algonkin fanden sie treue Freunde, unter den Irokesen nur bittere Hasser. Mancher Missionar im geistlichen Rock mußte sein Leben am Marterpfahl der Irokesen lassen, und trotzdem wandten vor allem die Jesuiten ihre Liebe und ihren Eifer gerade den «Römern der Wildnis» zu.

Bevor der Major etwas erwidern konnte, fuhr Pontiac fort: «Ich kenne dich gut, Major Rogers, du bist ein tapferer Mann. Schön und ehrenvoll wäre es für mich, gegen dich zu kämpfen. Aber du bist müde und hungrig, wie alle deine Männer. Setze dich mit mir nieder. Lasse uns ein Feuer anfachen und dann wollen wir die Pfeife des Friedens rauchen. Zuvor aber sollt ihr euren Hunger stillen. Mit leerem Magen kann man nicht beraten.»

Der Major glaubte nicht recht gehört zu haben. Woher kam dieser Umschwung im Denken des Häuptlings?

War da eine Teufelei zu erwarten?

Wurde da eine Falle gestellt?

Steinern, undurchdringlich wirkte das Gesicht des Häuptlings.

Aber eine innere Stimme sagte Rogers, daß keine Gefahr drohte, daß er dem Indianer vertrauen konnte.

*

Gierig aßen die Weißen von dem gerösteten Mais und von dem gebratenen Fleisch, das die Indianer zubereitet hatten. Und nachher fielen sie in einen tiefen Schlaf der Erschöpfung.

Das mag fürwahr ein seltsames Bild gewesen sein, in diesem finsteren Urwald in der Nähe von Detroit: da lagen und schnarchten die bleichgesichtigen Soldaten und sie wurden beschützt von den bemalten und gefiederten rothäutigen Kriegern, die zu töten sie siegesgewiß ausgezogen waren.

Nur Major Rogers hielt sich aufrecht und kämpfte gegen Schlaf und Schwäche.

Er wartete darauf bis der pfeifenrauchende Pontiac das Wort an ihn richtete.

Gedankenvoll starrte der Häuptling in das prasselnde Feuer, dessen Funken hoch hinauf gegen das dunkle Dach des Waldes sprühten.

*

Sie berieten sich bis in die frühen Morgenstunden.

Rogers versuchte dem Häuptling verständlich zu machen, daß er nur den Auftrag habe, die Franzosen aus Detroit zu verjagen und das Fort zu besetzen.

Möglich, daß der Häuptling diesen Worten glaubte — wahrscheinlicher aber ist, daß er Rogers wirklichen Auftrag längst erahnt hatte, aber im Hinblick auf das künftige unausweichliche Zusammenleben mit den Engländern bereit war, eine Geste zu machen und Gnade vor Recht walten zu lassen.

So gab er Rogers die Erlaubnis, Fort Detroit zu besetzen, nicht aber das umliegende Gebiet.

Auch von der Jagd darin wollte er nichts wissen.

Die Engländer sollten für den Nachschub von Verpflegung selber sorgen. Ihnen stand der Seeweg von Kanada her offen, also war die Besatzung nicht darauf angewiesen, den Indianern das Wild wegzuschießen.

Major Rogers erklärte sich bereit, diese Vorschläge entgegenzunehmen und sie seinen Vorgesetzten zu übermitteln.

Er gab sein Einverständnis dafür, bei der Kolonialverwaltung und beim obersten Kommando des Heeres dahinzuwirken, daß auf der Grundlage dieser Vorschläge, mit Pontiac und mit allen Häuptlingen der benachbarten Stämme ein Friedensvertrag für «ewige Zeiten» abgeschlossen würde.

Im Monat, wenn sich an den Bäumen das Laub verfärbt, so kündigte Pontiac an, werde er wieder in Detroit erscheinen und mit den Agalaschima den Vertrag unterzeichnen.

Weiter versprach er, werde er dafür besorgt sein, daß kein Krieger und kein Stamm und möge er wegen der Vertreibung der Franzosen noch so erbittert sein, einzelne Soldaten oder gar das ganze Fort angreifen werde.

«Von nun an soll zwischen uns das Kriegsbeil begraben werden», sagte Pontiac feierlich, «und Friede soll sein zwischen den Agalaschima und den Indianern, solange die Welt besteht.»

Dann zollte auch Major Rogers seiner körperlichen Erschöpfung den notwendigen Tribut.

Als er viele Stunden später von seinen Männern geweckt wurde, stand die Sonne hoch am Himmel und keine Spur erinnerte mehr an die Anwesenheit Pontiacs und seiner Krieger.

*

Major Rogers konnte Detroit widerstandslos besetzen. Er hatte, getreu seines Versprechens an den Häuptling, bei seinen Vorgesetzten in der Armee und in der Kolonialverwaltung, mit beredten Worten für einen Vertragsabschluß mit den Indianern geworben.

Er hatte auf die Generäle, auf die Gouverneure und auf die hohen Zivilbeamten eingewirkt, aber trotz seines Namens und trotz seines Ansehens nur leere Ausflüchte geerntet.

Er ließ nicht locker. Mit einer Hartnäckigkeit sondergleichen bedrängte er die verantwortlichen Stellen bis ihn der wütend gewordene General Amherst aus Fort Detroit abberufen ließ, bevor Pontiac den angekündigten Besuch machte.

*

Als der Häuptling zur angekündigten Zeit vor Detroit erschien, ließ ihm Major Gladwyn, Rogers Nachfolger ausrichten, daß er keine Befugnis habe, mit Pontiac über einen Vertrag zu unterhandeln.

Nun wußte der Ottawa, woran er mit den Agalaschima war!

Er zog seine eigenen Schlüsse daraus und jetzt rollten die Ereignisse blitzschnell ab.

Von Gladwyns kaltschnäuziger Antwort bis zum Überfall auf Fort Sandusky, hielt nur mehr Pontiac das Gesetz des Handelns in seiner Hand.

Fähnrich Paullis Verhängnis war es, daß er von diesen Geschehnissen nie etwas erfahren und nie etwas gewußt hatte.

Begreiflich, er war eine zu kleine Figur gewesen in diesem Spiel mit höchsten Einsätzen!

III.

Nach dem Fall von Quebec war Frankreichs Sonne untergegangen.

Die wenigen noch von ihnen besetzten Forts hoch oben in Kanada und fern im Westen, in Louisiana, änderten nichts an der bitteren Tatsache, daß nun die englische Krone auf dem neuen Kontinent unumschränkt herrschte.

Die eigentlichen Herren des Landes jedoch, die Indianer, unerfahren in den Ränkespielen der hohen Politik, wollten und konnten die besiegten Franzosen nicht vergessen.

Trotzdem überwanden sie ihre Gefühle und boten den Engländern ihre Freundschaft an.

Die brüske Zurückweisung dieses Angebots verletzte auf tiefste den Stolz der Indianer. Solche Beleidigung war ihnen von den Franzosen nie widerfahren.

Die ungebrochene Liebe und Anhänglichkeit zum großen «Onontio», so nannten sie den König von Frankreich — der fern und doch allgegenwärtig gewesen war, — zu den adeligen Offizieren, zu den stets freundlichen Missionsvätern und den heiteren, gutmütigen Waldläufern, mit denen allen sie sich wie eine einzige, große Familie gefühlt hatten, nahm nun mit Macht wieder von ihren verwundeten Herzen Besitz.

Und mochten die Indianer auch einmal Jahre zuvor, als Engländer und Franzosen gleichermaßen um die Gunst der Indianer buhlten, als die Abgesandten und Vertreter dieser Mächte vor den Häuptlingen offen ihre Pläne zur Landeroberung ausbreiteten, mochten die Indianer damals erzürnt ausgerufen haben «Die Franzosen beanspruchen alles Land zur Rechten, die Engländer alles Land zur Linken des Ohio. Wo liegt dann des Indianers Land?» so hatte sich nun inzwischen die Lage gründlich verändert.

Und endlich, wenn auch die gleichen Indianer Mitschuld hatten an der verlorenen Schlacht von Quebec, weil sie zuvor von leichten, aber nicht entscheidenden Siegen über die Engländer verwöhnt worden waren und ihren französischen Freund, den General und Marquis Montcalm, mit den Worten verlassen hatten «Was führst du den Kampf weiter? Wir haben Gefangene gemacht und Skalpe erbeutet. Jetzt noch weiterzukämpfen, hieße den Herrn des Lebens versuchen», so waren diese gleichen Indianer nunmehr wieder bereit, die ihnen von den Engländern zugefügte Schmach zu rächen und zu kämpfen für die Rückkehr der Franzosen.

Sie waren bereit, die Agalaschima aus dem Lande zu fegen und wenn es Monate und Jahre dauern sollte.

Sogar die finsteren, grausamen und grenzenlos hochmütigen Irokesen wurden in ihrer Treue zu England wankelmütig.

General Amherst, der englische Oberkommandierende, hatte ihre Häuptlinge offen ausgelacht, als sie von ihm die Sicherung ihrer Jagdgründe, als Belohnung für ihr Mitwirken im Kriege gegen Frankreich verlangten.

Fäden spannten sich zwischen den bisher verfeindeten indianischen Stämmen.

Boten der Irokesen eilten an die Lagerfeuer der Algonkin und Bündnisangebote der Algonkin wurden in den Langhäusern der Irokesen besprochen.

General Amhersts hohnvolle Ablehnung, Major Gladwyns überheblicher Bescheid und die entehrende Behandlung, die den Häuptlingen der Lenapen, der Chippewa, der Schawano und Miamies von den englischen Offizieren widerfahren war, hatten die indianische Front gegen England wieder geschlossen und gestärkt.

Es bedurfte nur noch des überragenden Führers, der Kraft seiner Machtfülle, seines eisenharten Willens und seines starken Herzens, diese geballte Kraft der indianischen Stämme gegen England führte.

*

In den Wigwams, in den Dörfern der Indianer wurde der Haß gegen die Agalaschima bis zur Weißglut geschürt.

Gerüchte und Verheißungen flogen von Ratsfeuer zu Ratsfeuer.

Weit oben im Norden, wo die Abenaki und die Micmac in ihren Rindenhütten wohnten und das Elentier jagten in den düsteren Wäldern am Madawaska und Miramichi und sich mit dicken Pelzen gegen Schnee und

Kälte schützten, wenn sie auf offener Steppe ihre primitiven Fallen stellten, erschien einem schlohweißen Sachem der große Manitou und warnte:

«Ich bin der Herr des Lebens. Ich bin der, der alle Menschen gemacht hat. Ich wache über ihrem Wohle. Deshalb kündige ich euch an: wo ihr die Engländer in eurer Mitte duldet, werden ihre Krankheiten und Gifte euch völlig vernichten, und ihr werdet zugrunde gehen.»

Ähnliches geschah einem Medizinmann tief unten im Süden, wo die Cherokesen und die Creek in ihren, mit Pelzen üppig ausgestatteten Häusern wohnten.

«Verjagt die Engländer aus euren Jagdgründen, duldet keinen Weißen mehr im Lande, wenn ihr eure Heimat nicht verlieren wollt.»

Die Seneca, vor kurzem noch mit den Rotröcken in verschworenem Bündnis, ließen ihre bisher verfeindeten Nachbarn, die Delawaren, wissen: «Die Agalaschima wollen alle Indianer zu Sklaven machen. Schärft eure Kriegsäxte!»

Die Potowatomie predigten den heiligen Krieg und die Ottawa warnten vor dem heuchlerischen Gehaben der doppelzüngigen Engländer.

So wurde das Feuer der Erhebung geschürt und überall übten sich die Männer im Kriegsspiel — an den Ufern des mächtigen Ohio, in den dichten Wäldern, durch die der finstere Monongahela rauschte, auf den heiteren Auen der Alleghanies und in den zerklüfteten Bergen der Appalachen.

Den Engländern blieb dieses geschäftige und gefährliche Tun in ihrer nächsten Nachbarschaft nicht ganz unverborgen.

Kundschafter, Händler, Siedler und Soldaten brachten Nachrichten davon in die befestigten Plätze und von dort wurden sie weitergegeben in das Hauptquartier General Amhersts.

Aber dieser überhebliche Offizier leugnete jede Gefahr.

«Wenn die Indianer ihren eigenen Vorteil so wenig verstehen, daß sie sich gegen uns verschwören», ließ er sich einmal in einem Brief an Oberst Bouquet vernehmen, «so machen sie in meinen Augen nur eine lächerliche Figur, eine höchst lächerliche Figur.»

Und bei einer anderen Gelegenheit prahlte er: «Man hat mir mitgeteilt, daß die Indianer einen Aufstand planen. Sollen sie! Das gibt uns willkommene Gelegenheit, dieses Gewürm ein für allemal auszurotten und uns Land zu sichern, welches wir im Hinblick auf die Erweiterung unserer Einflußsphäre dringend benötigen.»

In den Urwäldern, auf den Steppen und Prärien, von den Küsten der kanadischen Seen bis zu den versumpften Ufern des Mississippi berieten die Häuptlinge, tanzten die Krieger und hieben sie ihre Streitäxte in rotbemalte Pfähle, orakelten die Medizinmänner, ertönten des nachts hohl und schaurig die unheimlichen Totengesänge, bereiteten Frauen und Mädchen gewaltige Vorräte von Pemmikan [1] und alle warteten sie auf den Ruf des einen Mannes, der sie gegen die verhaßten Agalaschima führen sollte.

Und dieser eine Mann war Pontiac!

*

Pontiac, Häuptling der Ottawa.

Seine geheimnisumwitterte Herkunft ist nie völlig geklärt worden.

Sie ist auch unwesentlich und es tut nichts zur Sache, ob Pontiac ein Catawba gewesen ist, der in jungen Jahren von den Ottawa geraubt und adoptiert wurde; ob seine Mutter eine Irokesin gewesen war oder eine aus dem Stamm der Lenni Lenape.

Die Ottawa waren schon zu jener Zeit, als Pontiac an ihrer Spitze stand, klein an Zahl. Sie hatten früher erlittene starke Verluste nie mehr aufholen können und sie sind später, nach Pontiacs Tod, auch völlig ausgestorben.

Nur die Hauptstadt Kanadas trägt noch ihren Namen und hält die Erinnerung an sie aufrecht.

Pontiac hat die Rolle eines Einigers aller Stämme und eines Führers im Kriege gegen die Engländer nicht gesucht.

Sie ist ihm zugefallen, weil der große Manitou es so wollte.

Er ist in sie hineingewachsen, weil das Schicksal es so fügte.

1) Eine Art Konserve aus geschmolzenem, mit Beeren und Kräutern gewürztem Bisonfett.

Er kämpfte unter Montcalm gegen die Indianer und damals schon ist er seiner überragenden Geistesgaben, seiner Tapferkeit und seiner Umsicht wegen dem kleinen, drahtigen und energischen französischen Marquis aufgefallen.

Pontiac hielt auch treu zu Montcalm, als dessen Stern zu sinken begann und vor Quebec völlig erlosch.

In allen Kämpfen und bei allen Beratungen, die der General führte, war Pontiac an seiner Seite und lernte, lernte . . .

Er lernte, daß man einen Krieg planen und gründlich vorbereiten mußte, um ihn zu gewinnen.

Er lernte, daß man dem Gegner an Menschen und Waffen überlegen sein mußte, um die Schlacht zu entscheiden.

Er lernte den Wert der Disziplin kennen, er lernte die Kunst des Verhandelns — er lernte und beobachtete und als Montcalm fiel und als der Krieg zu Ende ging, war Pontiac wohl auf dem ganzen, weiten nordamerikanischen Kontinent der einzige Indianerhäuptling, der mit den Sitten, Gebräuchen und Methoden der Weißen eng vertraut war.

Noch schwerer wog die Tatsache, daß er für sich und für seine Rasse daraus die einzigen richtigen Schlüsse zog.

Pontiac wollte ursprünglich den Krieg gegen die Engländer nicht.

Er war ehrlich bereit, sich mit den vollzogenen Tatsachen abzufinden und mit den Weißen in Frieden und Freundschaft zu leben.

Major Rogers hat das immer und immer wieder bezeugt.

Man hat ihm keinen Glauben geschenkt, vor allem auch deshalb nicht, weil Pontiac bei den Engländern nahezu unbekannt gewesen ist.

Er hatte ja im Lager der Franzosen gestanden, im Lager des Feindes.

Die Niederlage Montcalms war auch die Niederlage Pontiacs gewesen.

Und um besiegte Indianer pflegten die Engländer sich schon gar nicht zu kümmern!

«Zum Teufel! Wer ist Pontiac?» schrie General Amherst aufgebracht, als Major Rogers ihm wieder einmal in den Ohren lag und ihn an die Einlösung des abgegebenen Versprechens mahnte.

Die im Lande gebliebenen Franzosen allerdings erinnerten sich gut an den Häuptling Pontiac, als dieser sie nach dem Mißlingen der Verhandlungen mit den Engländern, mit aller gebotenen Vorsicht anfragen ließ, ob der Onontio wohl bereit wäre, einen neuerlichen Krieg gegen die Rotröcke mit Geld, Waffen und Soldaten zu unterstützen.

Solche Anfrage erschreckte und erfreute zugleich die wenigen französischen Offiziere, die bis zur endgültigen Landnahme durch die Engländer noch auf ihren Forts geblieben waren, obwohl sie mit den schwachen Besatzungen kaum hätten ernsthaften Widerstand leisten können.

*

De Noyon in Fort Chartres, de Kerlerec in Fort St. Ange und andere Offiziere zeigten sich erschrocken, weil sie genau wußten, daß der König von Frankreich nicht bereit war, auch nur einen Sou zu riskieren, um Kanada zurückzuerobern und weil in Bälde Friedensverhandlungen mit den Engländern zu erwarten waren, die durch eine unvorsichtige Äußerung oder durch eine unvorsichtige Tat hätten scheitern können.

Sie wagten es nicht, irgendwelche Verantwortungen auf sich zu nehmen, aber sie fürchteten sich auch, durch einen abschlägigen Bescheid den Zorn Pontiacs auf sich zu laden.

Sie berieten sich mit dem Missionar Pater Forget und nach langem Überlegen kamen sie überein, Pontiac ihrer «ewigen Freundschaft» zu versichern und ihm mit wortreichen Erklärungen darzulegen, warum es nicht möglich war, Geld, Waffen und Munition zu senden.

Insgeheim hofften sie natürlich auf ein Gelingen des Aufstandes, auf einen siegreichen Krieg und sie behielten sich für diesen Fall ihre eigenen Maßnahmen vor.

Aber das teilten sie Pontiac wohlweislich nicht mit.

*

Pater Forget wurde die schwierige Aufgabe übertragen, dem Häuptling diesen ebenso heikeln wie nichtssagenden Bescheid zu überbringen und zu erläutern.

Der Jesuitenmissionar unterzog sich dieser Aufgabe mit vollendetem Takt und mit einer Beredsamkeit, die einer besseren Aufgabe würdig gewesen wäre.

Die beiden so ungleichen Gesprächspartner trafen sich an einer verschwiegenen Stelle irgendwo im Flußgebiet des Ohio.

Der riesige Indianer trug den Oberkörper, auf dessen brauner Haut der Widerschein der Flammen zuckte, unbedeckt. Er hatte die Knie angezogen, die Unterarme darauf gelegt und auf den gefalteten Händen ruhte das Kinn. Aufmerksam lauschte er dem Jesuiten, der lebhaft und eindringlich auf ihn einsprach und — wie er wohl merkte — ihn für etwas zu überzeugen suchte, an das Forget selber nicht glaubte.

Düster starrte Pontiac in die Glut.

Keine Miene bewegte sich in seinem Gesicht, aber in seiner Brust tobte ein Sturm der Gefühle.

Die Franzosen versagten ihm also ihre Hilfe!

Dieser Bescheid traf ihn schwer.

Er mußte Waffen bekommen und er mußte voraus planen können, wie er das bei General Montcalm gelernt hatte.

Aber wie sollte und konnte er das tun — wenn die Franzosen nicht bereit waren, ihm ihre Unterstützung zu leihen?

Plötzlich durchzuckte ihn ein Gedanke und plötzlich hörte er nicht mehr auf die Stimme des Paters, die so schöne Worte und Sätze formte, mit denen er doch nichts anzufangen wußte.

Wenn die Franzosen nicht mitmachen wollten, dann mußte er, Pontiac, diese gewaltige Aufgabe eben allein zu lösen versuchen.

In diesem Augenblick sah er den Weg, der zum gesteckten Ziel führen mußte.

Er richtete sich auf. Seine Augen blitzten. Der Körper straffte sich. Mit einer Handbewegung unterbrach er des Paters Rede.

«Du hast lange gesprochen, Schwarzrock», dröhnte sein Baß, «aber deine Antwort ist nein!»

Pater Forget fühlte sich durchschaut.

Er wollte protestieren, aber Pontiac ließ ihn nicht zu Worte kommen.

«Gib dir keine Mühe mehr, Bruder. Der Onontio sagt nein. Er will seinen roten Kindern nicht helfen und er kann ihnen auch nicht helfen. Damit habe ich mich abzufinden, aber», er schaute dem Missionar voll ins Gesicht und mit weicher Stimme fügte er hinzu, «ich werde meine Liebe zu deinem Volke trotzdem im Herzen bewahren. Montcalm ist tot. Ihm habe ich Treue geschworen und diese Treue werde ich nicht brechen.»

Die beiden Männer erhoben sich und als sie neben einander standen, war Pontiac mehr als einen Kopf größer als der zierliche Forget.

Dem Pater schossen plötzlich Tränen in die Augen. Mühsam nur bewahrte er seine Fassung.

«Pontiac», sprach er beschwörend, «muß dieser Krieg überhaupt sein? Du hast richtig gesprochen, wir können dir nicht helfen, so gerne wir auch möchten. Unsere Hände sind gebunden durch den Waffenstillstand mit den Engländern und bald wird man im fernen Paris auch über den Frieden verhandeln. Warum, frage ich dich, Bruder, warum willst du das Kriegsbeil ausgraben? Die Engländer sind so stark. Sie haben mehr und bessere Waffen als ihr. Sie werden euch vernichten und alles zerstören, was wir gemeinsam aufgebaut haben. Halte Friede mit ihnen, Pontiac!»

Energisch schüttelte der Häuptling seinen Kopf.

«Mit den Engländern wird es nie Friede und Freundschaft geben, Schwarzrock. Sie wollen unser Land und sie werden nicht ruhen, bis unser Volk von diesem Boden verschwunden ist. Niemand hat mich geheißen, an die Spitze der Indianer zu treten. Ich tue es freiwillig. Die Stimme meines Gewissens zwingt mich dazu, Schwarzrock. Es ist so, wie unsere Medizinmänner sagen: Wer die Engländer in ihrer Mitte duldet, wird durch sie umkommen.»

Er ballte die Faust.

«Sorge dich nicht meinetwegen oder unsertwegen, Bruder Schwarzrock! Halte deine Tränen zurück. Wir werden diesen Krieg gewinnen! Montcalm, der kleine Onontio, hat mir gezeigt, wie man es machen muß. Von jetzt an, Bruder, gibt es für alle Indianer nur noch ein Ziel: wir werden kämpfen bis der letzte Engländer ins Große Wasser geworfen ist. Dann werden wir euch wieder rufen und dann wird der König in Paris uns wieder seine Güte offenbaren!»

Winterjagd auf den Elch. Der Winter war eine harte Zeit für die Indianer. Wehe dem Stamm, der nicht rechtzeitig vorgesorgt hatte und ungenügend mit Fleisch und anderen Lebensmitteln versehen war. Die Geschichte weiß von vielen Hungersnöten, von Krankheit und Tod zu berichten. Trotz Schnee und Frost wagten sich auch im Winter die Jäger auf die Pirsch, um mit Frischfleisch etwas Abwechslung auf den täglichen «Speisezettel» zu bringen. Unser Jäger auf dem Bilde hat sich ganz besonders warm angezogen, und mit seinen Schneeschuhen hat er den kapitalen Elchbullen fast mühelos eingeholt und zur Strecke gebracht.

Ratsversammlung. Zumeist war die gesellschaftliche Ordnung in den Indianerstämmen auf durchaus demokratischer Grundlage aufgebaut. In den Ratsversammlungen wurde über Krieg oder Frieden und über alle wichtigen Belange des Stammes in Red und Gegenrede und in freier Abstimmung entschieden. Vielenorts nahmen auch die Frauen daran teil. Langdon Kihns Bild zeigt eine solche Ratsversammlung, und wer weiß, vielleicht ist der stehende Häuptling, dessen Rede die im Kreise sitzenden Männer und Frauen aufmerksam lauschen, der große Pontiac, der diesen Stamm für seine heilige Sache zu gewinnen versucht.

Forget hörte gut aus Pontiacs Rede den versteckten Vorwurf über die Politik Frankreichs.

Aber was hätte er darauf antworten sollen?

«Ich glaube an dich, Pontiac, und ich glaube auch an die Gerechtigkeit deines Wollens», sagte Pater Forget, «aber woher willst du die Waffen nehmen? Wo sind die Männer, die diesen Krieg führen können?»

Der Häuptling lächelte verschmitzt.

«Wir werden die Waffen von den Engländern kaufen, Bruder Schwarzrock.»

Sein Gesicht wurde wieder ernst.

«Wir haben Häuptlinge unter uns, die wohl wissen, daß man gegen die Engländer anders Krieg führen muß, als wir das bis anhin getan haben. Ich habe von Montcalm gelernt, Schwarzrock, aber ich habe auch von den Engländern gelernt. Ich weiß, was Franzosen und Engländer falsch und was sie richtig gemacht haben.»

Ungläubig schüttelte Forget den Kopf.

«Die Engländer werden dir keine Waffen verkaufen, Pontiac! Und du magst gewiß die Gaben eines Generals besitzen, ich zweifle nicht daran. Ob aber deine Krieger so diszipliniert sein werden, wie die englischen Soldaten...»

Pontiac ließ sich durch Forgets Einwände nicht beirren. Er blieb zuversichtlich.

«Ich kenne die Agalaschima. Vorläufig werden sie nicht an einen Krieg denken. Sie sind Händler und sie werden uns soviel gute Waffen liefern, wie wir haben müssen. Von jetzt an werden unsere Krieger zu Pelzjägern und mit kostbaren Fellen werden wir Gewehre und Munition bezahlen. Pontiac steht gut dafür. Wenn inskünftig ein englischer Händler mit uns tauschen will, dann nur noch gegen Waffen! Und noch etwas, Bruder Schwarzrock. Der Indianer ist klug. Wo es uns an etwas mangeln sollte, werden wir dafür unsere Stärke in die Waagschale werfen: Klugheit, List und Behendigkeit! Sorge dich nicht mehr länger, der Sieg wird unser sein!»

IV.

«Hü — ho!»

Mit kraftvollem Schwunge ließ Sam Pierce die Peitsche knallen. Ächzend drehten sich die riesigen Räder des ungefügen, schwer beladenen und mit Plachen bedeckten Wagens, der von zwei Pferden mühsam und unter Aufbietung aller Kräfte gezogen wurde.

Sam fuhr sich mit dem Rockärmel über die schweißnasse Stirne.

Zum Teufel, heute brannte die Sonne wieder einmal mit voller Glut. Und dabei war das Fäßchen Rum bald geleert! Es war höchste Zeit, bald, recht bald das Ziel der Fahrt zu erreichen.

Er verwünschte die Stunde, da er sich auf dieses Abenteuer eingelassen hatte!

Da war vor Wochen dieser Jean Martineau, der da nun so rüstig und ohne das geringste Anzeichen von Erschöpfung vor dem Wagen schritt, da war dieser Jean — die Hölle möge ihn verschlingen! — wieder einmal in Smithstown, in Sams Schenke aufgetaucht und hatte ihn beiläufig, zwischen dem dritten und dem vierten Glas Whisky gefragt, ob er daran interessiert wäre, einige Goldstücke zu verdienen.

Dabei hatte er tief in seinen härenen Schnappsack gegriffen und gar verführerisch mit einigen Goldmünzen geklimpert.

Dem guten Sam, der mit seiner Schenke und seinem bescheidenen Fuhrbetrieb gerade genug verdiente, um seine zahlreiche Familie zu ernähren, traten vor Begierde beinahe die Augen aus dem Kopfe, aber rasch hatte der Jean, dieser Luftibus und Schürzenjäger, das Geld wieder verschwinden lassen.

Doch Sam hatte Blut geleckt. Wider seine Gewohnheit spendierte er dem Waldläufer noch einen Doppelten und dann steckten die beiden ihre Köpfe zusammen.

«Was soll's denn sein, Jean?» wisperte Pierce.

«Kleinigkeit für dich, Sam», blinzelte Martineau, «eine Fuhre westwärts, bleibst höchstens einige Tage von zu Hause weg.»

Sam schenkte wieder ein.

Wenn Gold winkte, reute ihn der billige Fusel nicht.

Aber dieser Waldläufer tat so verdammt geheimnisvoll.

Man sagte im Dorf, daß er es mit den Franzosen hielte.

Nun, die Weißröcke waren zwar geschlagen und besiegt, aber trotzdem, wer sich nicht zu England bekannte, galt als verdächtig.

Doch Verdacht hin oder her, Martineau besaß Gold und diese Tatsache änderte die Lage ganz wesentlich.

«Also, rück schon heraus mit der Sprache», zischte Pierce.

«Hör zu, mon ami», flüsterte Jean, obwohl außer ihnen kein Mensch in der Schenke war, «hör gut zu. Ich habe da eine Ladung Gewehre, Pulver und Blei. Die

Ware ist bestellt und muß abgeliefert werden. Benötige dafür einen guten Fuhrmann und ich werde ihn angemessen entlöhnen. Willst du in dieses Geschäft einsteigen? Absolut gefahrlos, nichts zu riskieren.»

Sam Pierce rieb sich die Nase.

Das tat er immer, wenn er nachdachte.

«Wer soll diese Gewehre, das Pulver und das Blei erhalten?»

«Was geht das dich an, Sam? Du fragst zuviel!»

«Dann wird nichts daraus», entschied Pierce, «suche dir einen anderen. Ich will wissen, was gespielt wird oder ich mache nicht mit.»

Martineau grinste.

Wieder ließ er spielerisch einige Goldmünzen durch die Finger rinnen.

«Zwanzig Guineen als Anzahlung und nochmals zwanzig, wenn wir die Ladung abliefern. Und auf dem Rückwege, mon ami, wirst du einige Stapel Pelzwerk mitzunehmen haben, auch dafür gibt es klingende Belohnung.»

«Einverstanden, Jean!» gröhlte Sam plötzlich begeistert und hieb seine Pranke auf die Schulter Martineaus, daß dieser erschrocken zusammenzuckte.

«Einverstanden! Und wenn ich das Teufelszeugs mitten unter die blutigen Indianer fahren muß!»

Der Waldläufer verzog sein Gesicht.

«Das sollst du ja eben, Sam! Die Ottawa warten sehnsüchtig auf diese Waffen!»

Da verschlug's dem Schankwirt doch die Sprache.

Mit blutunterlaufenen Augen starrte er Martineau an.

«Was sagst du da, Jean, du mit allen Wassern gewaschener Gauner? Zu den Ottawa soll ich fahren? Zu diesen dreifach geschwänzten Teufeln!»

«Hast du Angst, mon ami?»

Sam kippte ein Glas Whisky in einem Zuge. Er atmete schwer.

«Angst nicht, Jean! Da kennst du mich schlecht. Sam Pierce fürchtet sich nicht rasch vor etwas. Aber mein Skalp ist mir zu lieb, als daß ich ihn freiwillig den Indianern darbieten möchte.»

Martineau kicherte.

«Dann ist alles in Ordnung! Die Ottawa nennen mich Bruder. Sie erwarten mich und sie haben Sehnsucht nach den Gewehren, die ich ihnen versprochen habe.»

«Du kommst mit, Jean?»

«Aber sicher, Sam!»

«Also her mit dem Geld! Wann geht es los?»

*

Und nun waren sie seit Wochen unterwegs und hatten allen Widerwärtigkeiten getrotzt.

Ob die Himmelsglut sie fast ausdörrte, ob der Regen sie bis auf die Haut durchnäßte, ob Flüsse ihnen den Weg versperrten, ob Tann und Dickicht ihren Lauf hemmten — das Geschick des lederzähen, mit der Natur vertrauten Waldläufers, die Kraft der Pferde und die

Energie des auf Gold begierigen Pierce — waren bisher mit allen Widerwärtigkeiten fertig geworden.

Aber nun drohte Sam schlapp zu machen.

Der Rum ging zur Neige und noch war das Ziel der Fahrt scheinbar in weiter Ferne.

Am liebsten hätte er die Pferde ausgeschirrt, den Wagen an Ort und Stelle stehen gelassen und wäre wieder zurückgekehrt nach Smithstown.

Seine Frau ängstigte sich wohl ohnehin.

Auf Geheiß Martineaus hatte er ihr nicht sagen dürfen, wohin die Fahrt ging und wie lange er von zu Hause wegbleiben würde.

Dazu plagte ihn das schlechte Gewissen.

Er war Engländer und wenn er sich auch um Politik nicht kümmerte, er war doch in erster Linie ein getreuer Untertane seines Königs.

Und was er da tat, das wußte er ganz genau, lag ganz und gar nicht im Interesse seiner Landsleute.

Ob die Indianer die Gewehre wirklich nur zum Jagen brauchten, wie Martineau, dieser Lügner und Erzschelm, behauptet hatte?

Sam war je länger je weniger geneigt, das zu glauben, aber er klammerte sich daran fest, um sein Gewissen zu beruhigen.

Und dann winkte doch noch der Lohn!

Er gab sich einen Ruck.

«He, Jean, wie lange dauert denn diese verfluchte Fahrt noch?»

Der Waldläufer drehte sich um. Er wies mit dem Gewehr westwärts, wo ein blauer Hügelzug den Horizont begrenzte.

«Dort müssen wir noch hinüber, Sam, dann haben wir es geschafft!»

«Hü — ho!» schrie der Fuhrmann zornig und knallte mit seiner Peitsche.

Knarrend und ächzend ruckte der schwerfällige Wagen weiter.

*

Pontiac empfing die Ankömmlinge inmitten seiner Krieger.

Als der hochbeladene Wagen zwischen den rindenbedeckten Wigwams auf den Beratungsplatz zockelte, blitzte es sekundenlang in den Augen des Häuptlings auf. Er wandte sich an seine Krieger.

«Der Mehtikosch (Franzose) hat Wort gehalten. Er bringt die Waffen, die er uns versprochen hat.»

Schon wollten die Ottawa in laute Jubelrufe ausbrechen, da gebot der Häuptling Ruhe.

«Der Fuhrmann ist ein Engländer, meine Brüder. Ich sehe es seinem Gesichte an. Spart eure Freude für später auf. Wir wissen nicht, wie er unserer Sache gegenüber eingestellt ist. Wer gibt uns Gewähr, daß er nach seiner Rückkehr, wenn das Feuerwasser seine Zunge löst — alle Engländer trinken Feuerwasser! — seinen Leuten nicht erzählt, die Krieger der Ottawa hätten die Waffen mit Jubel entgegengenommen? Wir müssen alles vermeiden, was das Mißtrauen der Agalaschima wecken könnte.»

Jean Martineau eilte auf Pontiac zu und begrüßte ihn herzlich.

«Eh bien, Chef, hier siehst du mich wieder. Ich bringe Gewehre, Pulver und Blei. Die Engländer haben das Stück Baumrinde mit dem eingebrannten Fischotter entgegengenommen, als wäre es pures Gold. Erstklassige Gewehre haben sie mir dafür gegeben und genügend Pulver und Blei, um ein ganzes Regiment Rotröcke zu vernichten.»

Pontiac lächelte triumphierend.

«Du sagst, daß die Weißen mein Zeichen wie ihr Geld behandeln, Bruder? Ist Pontiacs Name unter den Agalaschima schon so bekannt und berühmt, daß sie sogar einem Indianer ihr Vertrauen schenken?»

«Das erste Geschäft hat einwandfrei geklappt, Häuptling. Das hat sich herumgesprochen. Nun wirst du soviel Waffen und soviel Munition bekommen, wie du nur willst.»

Ernst entgegnete Pontiac.

«Wir werden nie genug Feuerrohre, nie genug Pulver und Blei bekommen können, um unseren Plan auszuführen. Da, nimm diese Rindenbotschaft und verschaffe mir noch mehr Waffen.»

Er übergab Martineau eine Handvoll Rindenstücke, alle mit dem Zeichen des Fischotters versehen.

Es waren die Kreditscheine des Häuptlings, die er pünktlich einlöste und zwar mit wertvollem Pelzwerk.

Eigenhändig kontrollierte Pontiac jedes Gewehr.

Er prüfte das Pulver und wog das Blei und es gab nichts, was seinem sicheren Blicke und seiner geübten Hand hätte entgehen können.

Zufrieden mit dem Resultat, gab er nun Befehl, den Wagen mit den zu einem mächtigen Berg aufgestapelten Fellen zu beladen.

Jean Martineau, der erfahrene Waldläufer und Jäger, pfiff anerkennend durch die Zähne, als er mit der Hand durch das seidenweiche Haar der Biber- und Nerzpelze fuhr.

Der Häuptling war ein ehrlicher Geschäftsmann! Parbleu, daran gab es nichts zu deuteln! Qualität wurde von ihm mit Qualität vergolten.

Von ihm konnten die englischen Händler eine Menge lernen.

Als er dann mit Sam Pierce am Feuer saß und beide mit großem Appetit sich an einer saftigen Hirschkeule gütlich taten, brummte der Fuhrmann: «He, Jean, die Sache ist doch so übel nicht. In meinen Taschen klimpert eine schöne Zahl Goldmünzen und die Anzahlung für die Rückreise hast du mir auch schon gegeben. Bist doch ein feiner Bursche, Martineau! Mag meine Alte auch keifen, wenn ich ihr wieder vor die Augen trete, dieser Lohn wird sie rasch beschwichtigen, hahaha!»

Jean lachte höflich mit, dann tippte er dem Fuhrmann auf die Schulter.

«Eh, mon ami, hast Freude an dieser Arbeit, was?

Willst du wieder mit mir fahren? Die nächste Reise nach unserer Rückkehr geht zu den Lenapen!»

«Zu den gleichen Bedingungen?»

«Ah, gewiß!»

«Dann wüßte ich nicht, was mich aufhalten könnte, dir zu folgen, Jean!»

*

Und so wie Jean Martineau und Sam Pierce fuhren im Laufe der folgenden Monate Dutzende und Dutzende voll beladener Wagen durch die Wälder und über die Prärien und Hunderte und Hunderte voll beladener Kanus glitten auf den Flüssen und über die Seen zu den Indianern.

Wie die Ottawa, erhielten auch die Lenapen, die Huronen, die Chippewa, die Schawano die englandabtrünnigen Irokesen, die Potowatomie, die Miami, die Micmac, Abenaki, Cherokesen und Creek ihre Gewehre.

Die englischen Händler nahmen ohne Widerrede und ohne Murren Pontiacs Rindenwechsel entgegen, sie wurden vom Häuptling innerhalb der versprochenen Frist pünktlich und bis auf den letzten Penny (engl. Geldmünze) eingelöst.

Was kümmerte es die habgierigen Weißen, weshalb der Häuptling aufrüstete, zu was er diese riesigen Mengen von Waffen brauchte?

Ob je einem von ihnen, wie anfänglich Sam Pierce, das Gewissen schlug?

Ob je einer dieser geschäftstüchtigen Burschen daran dachte, daß diese Waffen sich einst gegen sie selber wenden könnten?

Es war nicht anzunehmen, daß sie sich darüber schwere Gedanken machten.

Sie verdienten gut und damit basta!

Aber der Ottawahäuptling wachte scharf darüber, daß die Indianer nicht übers Ohr gehauen wurden.

Als es mit der Zeit schwieriger wurde genügend gute Gewehre zu beschaffen, versuchten es einzelne Händler mit Ausschußware.

Aber diese Geschäftspraxis wurde ihnen gründlich ausgetrieben.

Als zum zweiten- oder drittenmal Fuhrwerke, die verrostete oder sonst unbrauchbare Flinten und mit Sand vermischtes Pulver geladen hatten, nicht mehr zurückkehrten; als man ohne Nachricht blieb über das Schicksal der Fuhrleute, da wurden die Händler sofort hellhörig und sie wußten bald, daß Pontiac nicht mit sich spaßen ließ.

Aber der Verdienst lockte!

Die Gerissensten und Skrupellosesten unter dieser, ohnehin nicht sonderlich von Gewissensbissen gequälten Gilde, setzten sich mit der Armee in Verbindung.

Natürlich nicht mit hohen Offizieren, dafür aber mit den armen Schluckern von Soldaten oder mit Unteroffizieren, die etwa ein Munitionsmagazin zu bewachen hatten.

Diese, meist zum Dienst gepreßten Männer zeigten sich rasch willfährig und zum Mitmachen bereit, wenn der Händler mit einigen Goldmünzen lockte.

Der Haß gegen die Vorgesetzten und die Aussicht, rasch reich zu werden, verleiteten manchen Rotrock zu Verrat und Diebstahl.

Da wurde ein Arsenal geplündert und dort ein Pulvermagazin geleert. Das Diebsgut wurde auf Schleichwegen in die indianischen Dörfer, in die Hände der Krieger geführt.

Einzelne dieser Diebstähle wurden entdeckt und die Schuldigen ohne Federlesens aufgeknüpft. Aber damit hatte es sein Bewenden.

Die Offiziere, vor allem auch General Amherst, nahmen sich keineswegs die Mühe, nach den Gründen zu forschen, wozu und weshalb die Waffen gestohlen wurden.

Zwar wurde offen gemunkelt, daß Pontiac wie ein Kaufmann in Boston oder in New York großzügig in das «Waffengeschäft» eingestiegen sei, aber das interessierte die überheblichen Offiziere Ihrer königlichen Majestät nicht sonderlich.

Pontiac? Pshaw! Soll er nur einen Krieg beginnen! Das Leben in den Forts ist langweilig genug, um eine solche Abwechslung freudig zu begrüßen!

Sorglos lebten sie in den Tag hinein.

Sorglos blickten sie in die Zukunft.

Der Krieg gegen die Franzosen war gewonnen.

Niemand mehr war da, der gegen die Armee Englands hätte antreten können.

Derweil die Engländer, soweit sie den roten Rock ihres Königs trugen, stumpf und gedankenlos ihren öden Dienstbetrieb abwickelten, herrschte in den Dörfern der Indianer reger Betrieb.

Die gekauften Gewehre wurden nicht einfach nur in einem Wigwam aufgestapelt und dann unberührt liegen gelassen, bis man sie einmal brauchen wollte.

Das wäre nicht nach dem Willen Pontiacs gewesen.

So sah man überall in den Dörfern die Krieger sich in der Handhabung der Waffen üben.

Das geschah zumeist unter Anleitung von Häuptlingen, die schon mit dem «Feuerrohr» geschossen hatten.

Vielenorts und mit Begeisterung, hatten sich ehemalige französische Soldaten, vor allem auch Waldläufer, wie Jean Martineau, für diese Aufgabe zur Verfügung gestellt.

So gut der indianische Krieger mit Pfeil und Bogen umzugehen wußte und so sicher er mit dieser primitiven Waffe sein Ziel traf, so schwierig war es für ihn, das Gewehr des weißen Mannes zu handhaben.

Diese Vorderlader waren schwer, für die indianischen Begriffe unhandlich und überdies sehr kompliziert zu bedienen. Es brauchte dafür allerhand Kniffe, die in Fleisch und Blut übergehen mußten, wenn die Waffe wirksam zum Einsatz kommen sollte.

Die Schießwatte und die Bleikugel mußten mit einem

Ladestock in den Lauf gestoßen werden. Man hatte den Zündstein zu befestigen, Schießpulver auf die Pfanne zu schütten, bis man überhaupt so weit war, um ein Ziel anzuvisieren.

Bis ein Gewehr geladen und abgefeuert war, hatte so ein Krieger ein gutes Dutzend Pfeile abgeschossen!

Und dann der Knall! und der heftige Rückstoß, der die Schulter schmerzen ließ!! Bei Manitou, das «Feuerrohr» war ein wahres Teufelszeug, das nur von dem verdorbenen Gehirn eines weißen Mannes hatte ersonnen werden können.

Ach, wie rauften sie sich die Haare, die kriegserfahrenen Waldläufer und die Veteranen von Fort Duquesne und von Quebec und wie mancher Fluch entfloh ihren Lippen, wenn Falkenauge, der sonst mit bloßem Messer einen Bären anging, vor Angst die Augen schloß und kläglich den Kopf zur Seite drehte, bevor er den Abzug überhaupt berührte.

Wie mancher Häuptling knirschte mit den Zähnen, wenn die Kugel seines Schülers, statt ins Ziel zu fliegen, hoch oben durch einen Tannenwipfel weit in den Himmel sauste.

Aber Indianer waren klug und Indianer wußten zu lernen — und auch der Begriffsstutzigste unter den Kriegern gab sich redlich Mühe, ein guter Schütze zu werden.

V.

Am 10. Februar 1763 unterzeichnete Frankreich in seiner Hauptstadt den demütigenden Frieden mit England, worin es auf seine sämtlichen Besitztümer in Nordamerika verzichtete. Es erlosch die Oriflamme, es verwelkten Frankreichs Lilien und hoch stieg das Georgskreuz im Strahlenglanz des Sieges.

Doch nur drei Monate später brannte die Indianergrenze auf einer Länge von über sechzehnhundert Kilometern lichterloh, tobte der rote Sturm über den kaum befriedeten Kontinent.

Pontiac hatte die Fackel entzündet!

An einem einzigen Tag fielen neun der insgesamt zwölf englischen Forts in die Hand der Indianer!

Tausende und Tausende von indianischen Kriegern hatten sich auf einen Befehl am gleichen Tag erhoben und waren zum Angriff gegen die Engländer angetreten!

Und außer den gefallenen Befestigungen brannten Hunderte und Hunderte einsamer Grenzgehöfte, färbte schaurige Brandröte den nächtlichen Himmel und fielen unzählige weiße Männer, Frauen und Kinder unter den gnadenlosen Streichen schwerer Schädelbrecher.

Nur dort, wo besonnene oder hochgesinnte Häuptlinge, denen der Haß gegen die Weißen nicht völlig die Augen verblendet hatte, den Angriff leiteten, wurden

Der Mais wird geerntet. Es gab in Nordamerika nicht viele Indianerstämme, die den Mais nicht kannten, liebten und als Gabe eines guten Gottes verehrten. Mais bildete außer dem Fleisch wohl das wichtigste Nahrungsmittel und er wurde auf alle möglichen Arten zubereitet. Anpflanzung, Hege und Ernte oblag den Frauen, die sich dieser wichtigen Aufgabe mit ganz besonderer Hingabe widmeten, denn oft genug war der Mais in harter und langer Winterszeit der einzige Retter vor drohender Hungersnot.

Kriegstanz. Sie hatten zuvor die Pfeife geraucht und die Geister angerufen, um sie für den bevorstehenden Kriegszug freundlich zu stimmen. Jetzt dröhnt die Trommel, und die bemalten Krieger tanzen und stampfen im Kreise. Voraus der Anführer mit einer aus Adlerfedern gefertigten «Fahne» und hinter ihm ein Krieger mit einer skalpgeschmückten Lanze. Kriegsgeschrei gellt, Waffen wirbeln in harten Fäusten, und bald werden die Männer ausziehen, rachedurstig und skalplüstern und begierig darauf, sich mit Ruhm zu bedecken.

die überraschten Opfer geschont und in Gefangenschaft geführt.

Wie vorher und nachher in der Geschichte Nordamerikas, hatten die Siedler stets den ersten Anprall auszuhalten und die ersten Opfer zu bringen.

Der Plan für diese gewaltige Erhebung der indianischen Völker war im Gehirn Pontiacs entstanden und gereift und sein starkes Herz und sein unerschütterlicher Glaube an die Kraft seiner Rasse haben ihn gelingen lassen.

Das geschah vor zweihundert Jahren, in einer Zeit, da moderne Transport- und Übermittlungsgeräte noch völlig unbekannt waren, da man nichts wußte von Radio und Telegraphie.

Wampumschnüre, auf Rinde eingekerbte Bildzeichnungen, die Nachrichten falkenäugiger Späher und die Botschaften flinkfüßiger oder schnellrudernder Melder — auf dieser «Technik» und mit solchen Methoden, wie sie nur den «Wilden» zu eigen waren, baute sich der ganze Feldzugsplan Pontiacs auf!

Aber der Häuptling war nicht nur Kaufmann und Feldherr, er war auch Politiker, Staatsmann und Diplomat, und diese Eigenschaften haben zum Erfolg ebenfalls in wesentlichem Maße beigetragen.

Mehr noch als kaufmännisches und strategisches Talent, spielten bei der Einigung der indianischen Völker Menschenkenntnis, Überzeugungsgabe, die Fähigkeit zu vermitteln und zu begeistern, eine überragende Rolle.

Generationenlange Stammesfeindschaften mußten überwunden, Eifersüchteleien zwischen Häuptlingen, Clans und Sippen mußten beseitigt, Kleinmut, Zweifel und Unentschlossenheit mußten bekämpft werden und erst, wenn alle diese vielfältigen Hindernisse weggeräumt waren, durfte Pontiac daran denken, das große Bündnis zu schmieden und der harten Zerreißprobe eines Krieges auszusetzen.

Er hat diese schier übermenschliche Aufgabe gelöst und ein Werk aufgebaut, das heute noch Bewunderung verdient.

In seiner Person verkörperten sich die Hoffnungen der bedrängten Indianer und in seinen Händen vereinigten sich die vielen, oft kaum überschaubaren Fäden, die sich vom Michigan See bis zu den Appalachen kreuz und quer spannten und die in ihrer Gesamtheit jenes dichte und unentwirrbare Netz bildeten, aus dem es für die Engländer kein Entweichen mehr geben sollte.

Monate, Wochen und Tage hatte Pontiac dieser Aufgabe gewidmet und Tausende von Kilometern hatte er, zu Fuß, zu Pferde und zumeist wohl auf dem Kanu, zurückgelegt, bis er das Zeichen zum Angriff geben konnte.

Und davon hatten die Engländer nichts gemerkt oder nichts merken wollen!

Nach außen freilich, hielten die Indianer eiserne Disziplin und blieben sie verschwiegen, was an und für sich eigentlich schon erstaunlich war.

Wo sie Beziehungen zu den weißen Siedlern oder zu

den englischen Soldaten angebahnt hatten, wurden sie weiter gepflegt.

Sie knüpften Freundschaften an mit Siedlern, verkehrten öfters als üblich in den Dörfern, ließen sich in Schenken sehen, suchten Verbindung mit Händlern, Missionaren und Regierungsbeauftragten, gaben sich harmlos, willig und eifrig bestrebt, dem Weg des weißen Mannes zu folgen — alles nur, um keinen Verdacht zu wecken, um die Wachsamkeit des Gegners einzuschläfern, um einen Frieden vorzutäuschen, den weder sie noch die Weißen aufrechtzuhalten gesonnen waren.

Das mag heimtückisch, gemein und hinterhältig scheinen und es war es in Tat und Wahrheit auch. Soviel nämlich hatten sie vom weißen Manne schon gelernt!

Denn dieses Undurchschaubare und Unfaßbare war zu allen Zeiten schon ein Mittel der Diplomatie gewesen, von der Urzeit menschlicher Geschichte bis in die jüngste Gegenwart — ein Mittel, dessen sich nicht nur der Schwächere bediente!

Durchtriebenheit, List und Verräterei haben in den Kriegen zwischen den Weißen und den Indianern und allgemein in den Beziehungen zwischen diesen beiden Rassen, stets eine große und maßgebliche Rolle gespielt.

Sie wurden auch von Pontiac mit kühler Überlegung beim Aufbau und bei der Durchführung seines Planes mit einbezogen.

Es waren Waffen, auf die er nicht verzichten konnte.

Der Reinheit seines Wollens taten sie deswegen keinen Abbruch.

Da hatten die weißen Generäle später noch zu ganz anderen Mitteln gegriffen, als für sie die Not am Höchsten stand!

Von allen Stämmen, die Pontiac besuchte, um sie für die Erhebung gegen die Engländer zu gewinnen, hatte ein einziger nur seinem Werben standhaft sich verschlossen — die Mohawk, die größte Nation im Irokesenbunde.

Die andern fünf hatten sich von England abgewandt und sich bereit erklärt, in einer Front mit ihren früheren Feinden gegen die Agalaschima zu kämpfen.

Die Mohawk aber weigerten sich und ihr großer Häuptling Thayendanega, von den Engländern Joseph Brant genannt, war an dieser denkwürdigen Auseinandersetzung Pontiacs siegreicher Gegenspieler.

Ihn hatte sich der Ottawa für zuletzt aufgespart.

Er war klug genug zu wissen, daß den Mohawk nur ein Erfolg bei den andern fünf Irokesennationen Eindruck machen und sie auf seine Seite führen konnte.

Erst als er die bindende Zusage der Seneca, der Cayuga, Oneida, Onondaga — für dieses Volk hatte er hart und zäh ringen müssen — und der Tuscarora, die sich sofort und bedingungslos seinem Bündnis angeschlossen hatten, erst als das Einverständnis der Häuptlinge aller dieser Stämme beim Rauche der Heiligen Pfeife beschworen worden war, eilte Pontiac zu den Mohawk.

Sie empfingen ihn mit kühler Höflichkeit und geleiteten ihn unverzüglich zu Thayendanega, der im Langhaus seinen Besucher erwartete.

Bei aller wilden Grausamkeit und einer geradezu barbarischen Kriegführung, die dem Oberhäuptling der Mohawk mit Recht nachgesagt wurde und die bei ihm Mittel zum Zwecke waren, bei den englandfeindlichen Stämmen Angst und Schrecken zu verbreiten, war er dennoch ein gebildeter Mann mit tadellosen Manieren.

Er war durch die englische Schule gegangen, beherrschte fließend ihre Sprache und trug mit Stolz die reich geschmückte Uniform eines Generals Ihrer königlichen Majestät.

In diese Uniform gekleidet, behängt mit blitzenden Orden und mit dem zierlichen Degen der englischen Offiziere gegürtet, erwartete er den ihm noch unbekannten Pontiac, dessen Name auch bei den Mohawk, sehr zum Mißvergnügen des Oberhäuptlings, in aller Munde war.

Er saß auf einem breit ausladenden, mit Fellen bedeckten Sessel, in der linken Hand die Pfeife, die rechte Hand am Degenknauf.

Wäre der bis auf die Skalplocke kahlgeschorene Schädel und die Gesichtsbemalung nicht gewesen, so hätte Thayendanega sich kaum von einem leibhaftigen englischen General unterschieden.

Zu den Füßen des Irokesen brannte ein Feuer, dessen Schein den goldenen Zierat und die buntfarbigen Orden auf dem scharlachroten Rock erst richtig zur Geltung brachte.

Mit solcher Pracht konnte Pontiac nicht aufwarten.

Er trug abgenutzte Mokassins, hirschlederne Kleidung,

an denen die Spuren beschwerlicher Reisen deutlich erkennbar waren und den Kopf bedeckte eine runde Pelzkappe.

Allen übrigen Zubehör, Felltasche mit Wegzehrung und die Bewaffnung, hatte er im Kanu gelassen, das von seinen beiden jungen Begleitern bewacht wurde.

So machte er selber das Wort wahr, das er einst an General Montcalm gerichtet hatte, als dieser von seinem König mit einer hohen Auszeichnung bedacht worden war.

Damals hatte Pontiac gesagt: «Ich freue mich für dich über die verdiente Gunst, die dir dein großer Onontio erwiesen hat. Aber in meinen Augen giltst du darum nicht mehr. Den Mann liebe ich, nicht das, was an seiner Außenseite hängt.»

Deshalb beachtete er auch nicht die funkelnde Pracht der englischen Generalsuniform.

Er schaute in Thayendanegas Gesicht und suchte dessen Ausdruck zu deuten. Das wiederum vermerkte der stolze Irokese übel, denn, so hatte er geglaubt, seine Machtfülle, seine Bedeutung und sein Ansehen würden durch die Uniform besonders stark unterstrichen.

Pontiac hatte die Herausforderung wohl erkannt, die Thayendanega durch seine Kleidung und durch sein unnahbares Gehaben offenbarte, aber er ließ sich dadurch nicht beeindrucken.

Er erhob die rechte Hand und mit einem freundlichen Lächeln auf seinen sonst so strengen Zügen, begrüßte er respektvoll und ehrerbietig den erheblich älteren Häuptling:

«Friede sei mit dir, Bruder! Meine Augen freuen sich, den großen Häuptling der Irokesen zu sehen und meine Ohren sind begierig darauf, seine Stimme zu hören. Sein Name wird von den Feinden gefürchtet, ich aber hoffe, ihn bald unter meinen Freunden zu wissen.»

Hochmütig blickte Thayendanega auf seinen Besucher.

Pontiacs kluge Worte hatten zwar seine üble Laune etwas gemildert, aber er ärgerte sich über die Anrede «Bruder», denn vorläufig war er noch der berühmte Häuptling der Mohawk.

«Willkommen bei den Mohawk», antwortete er und die kalte Ablehnung in seiner Stimme strafte schon diese ersten Worte Lügen.

«Wir haben deinen Besuch erwartet, Pontiac. Heute noch sollst du Gelegenheit finden, vor den Männern und Frauen unseres Volkes zu sprechen. Zuvor aber scheint es mir tunlich zu sein, wenn wir zwei uns in Kürze über dein Anliegen unterhalten.»

Er wies auf einen niedrigen Fellhocker und forderte den Gast zum Sitzen auf.

Dann bot er Pontiac die Pfeife an. «Unsere beiden Völker haben sich bis jetzt bekämpft», sagte er, «aber die Mohawk halten die Gastfreundschaft hoch. Solange du unter uns weilst, wird dir kein Leid geschehen.»

Pontiac reichte dem Irokesen die Pfeife zurück.

Es kostete ihn einige Überwindung, die unfreundlichen Worte Thayendanegas zu schlucken.

Aber er dachte an das hohe Ziel seines Besuchs und er wußte, daß sein Gegenüber ein harter Verhandlungspartner war.

Deshalb unterdrückte er die heftige Entgegnung, die ihm bereits auf der Zunge lag.

«Nun sprich, Ottawa», befahl Thayendanega, «meine Ohren sind geöffnet.»

Pontiac vermied jedes überflüssige Wort.

Mit kurzen, knappen Sätzen schilderte er sein Vorhaben und seine tiefe, warme Stimme, die anderswo die sonst so besonnenen und würdevollen Häuptlinge und Krieger oft in eine wahre Raserei versetzt hatte, ließ diesmal das Feuer der Begeisterung nur ahnen.

Pontiac hielt sich bewußt zurück.

Er wollte nicht schon jetzt sein ganzes Pulver verschießen und alle seine Geheimnisse preisgeben.

Thayendanegas verkniffenes Gesicht gab keine Regung preis.

Mit halb geschlossenen Augen starrte er ins Feuer und es erschien Pontiac, als würden seine Worte von diesem Irokesen abprallen, wie Pfeile, die gegen eine granitene Felsenwand geschossen wurden.

Er beschloß seine Rede mit einem Appell an die gemeinsame Rasse, an das gemeinsame Blut, das ihrer beiden Adern durchpulste.

«Nicht den englischen General Joseph Brant fordere ich auf, sich unserer Erhebung für die Befreiung des Landes anzuschließen», rief Pontiac, «sondern den berühmten indianischen Häuptling Thayendanega. Ich kann dir keinen bunten Rock und keine Auszeichnung versprechen, wohl aber das hohe und befriedigende Gefühl, an einer gerechten Sache mitgewirkt zu haben.»

Der Irokese richtete sich auf.

«Du hast gut gesprochen, Pontiac», sagte er, «aber dein Pfad ist nicht mein Pfad. Nie werde ich mich dazu hergeben, mutwillig und ohne Grund die Freundschaft mit den Agalaschima zu zerstören. Eine Freundschaft, die von unseren Vätern und Vorvätern begründet wurde. Nie werde ich Hand dazu bieten, daß die Mehtikosche wieder ins Land zurückkehren, deren Schwarzröcke unsere jungen Männer und Frauen dem wahren Glauben entfremden wollen.»

Pontiac wollte etwas erwidern, aber Thayendanega ließ ihn nicht zu Worte kommen.

«Ich weiß, was du sagen willst, Ottawa», und nun war seine Stimme nur noch Haß und schneidender Hohn, «du willst mir berichten, daß die andern Nationen der Irokesen sich von dir haben übertölpeln lassen! Das ist es doch, Pontiac! Die Schwarzröcke der Franzosen haben bei unseren ehemaligen Brüdern ihre böse Saat ins Erdreich versenkt. Sie sind schuld, daß die Krieger der Oneida, der Seneca, Cayuga, Onondaga und Tuscarora zu Verrätern und zu Weibern geworden sind; daß sie den Bund verleugnen, der uns zu Herren über euch gemacht hat; daß sie dem Freunde abtrünnig werden, der ihnen Gutes nur mit Gutem vergolten hat.»

Er erhob sich und schritt an Pontiac vorbei dem Ausgang entgegen.

«Man schlage die Trommel», befahl er einem Krieger, «die Männer und Frauen der Mohawk sollen zum Ratsfeuer gerufen werden.»

Eine Stunde später, bei sinkender Sonne, bot sich Pontiac ein farbenprächtiges Bild.

Der weite Platz, in dessen Mitte das Ratsfeuer brannte, war bis auf den letzten Platz besetzt. Männer und Frauen hatten ihre schönsten Kleider angezogen, sich mit den farbigsten Decken geschmückt und ihre Gesichter ganz besonders sorgfältig bemalt.

Auf den meist glatt rasierten, nur mit einer Haarraupe verzierten Schädeln der Männer, türmten sich kunstvoll hergerichtete Federkronen.

Die Irokesen waren stattliche, kraftvoll gebaute Krieger, ihrer Stärke bewußt und deshalb anmaßend, überheblich und von wildem Stolze.

Ihnen ähnlich waren die Frauen und Mädchen, die in allen Verhandlungen ein gewichtiges Wort mitzureden hatten und deren Meinung von den Männern respektiert wurde. Mit gespannter Aufmerksamkeit schauten sie auf Pontiac, der nun hinter Thayendanega in die Mitte des Platzes schritt.

Und im Gegensatz, was er bei anderen Stämmen erfahren hatte, zeigten die Irokesen kühle Zurückhaltung.

Kein abfälliges, aber auch kein freundliches Wort schlug an seine Ohren.

Die Gesichter verrieten nur Spannung, aber nicht Ablehnung, nicht Zuneigung.

Thayendanega, nicht ganz so groß wie Pontiac, aber doch von imponierendem Aussehen, blickte selbstbewußt in die Runde.

Dann stellte er den Besucher mit dürren Worten vor: «Brüder und Schwestern der Mohawk», rief er mit weit tragender Stimme, «vor euch steht Pontiac, Häuptling der Ottawa. Hört gut zu, was er euch zu sagen hat.»

Diesmal zügelte Pontiac sein Temperament nicht. Diesmal ließ er seinem Redestrom freien Lauf und in jeden Satz legte er seine Begeisterung, ließ er seine Hingabe an die gemeinsame Sache spüren und mit jedem Wort versuchte er seine Zuhörer aufzupeitschen und sie seinem Willen gefügig zu machen.

Doch mit Erschrecken stellte er fest, daß — wie vorhin im Langhause bei Tayendanega — seine Rede völlig wirkungslos blieb, daß sie an der dichtgefügten Menschenmauer abprallte, daß seine Worte verhallten, als würden sie überhaupt nicht gehört.

Das brachte ihn aus der Fassung, seine Ausführungen verloren an Überzeugungskraft, an Wärme und schließlich brach er plötzlich ab.

Ratlos schaute er auf Thayendanega und erst jetzt fühlte er die tiefe Demütigung, als dessen feistes Gesicht in wildem Triumph aufleuchtete.

Nun ließ der Irokese jede Zurückhaltung fallen.

«Da hast du die Antwort auf deine Rede, Ottawa»,

schrie er, «die Mohawk bleiben sich selber und den Engländern treu. Diese Treue verkaufen sie nicht dem ersten besten Zugelaufenen. Die ist nicht mit billigen Worten aufzuwiegen. Kehre zurück, von wo du gekommen bist, Pontiac, und dann berichte deinen Anhängern und den Mehtikosche, was dir bei den Mohawk widerfahren ist. Je schneller du uns verläßt, desto besser ist es für dich. Nimm aber noch unsere Warnung mit: die Mohawk werden mit den Agalaschima kämpfen, sofern du wahnsinnig genug bist, den Kriegspfad zu beschreiten. Meinen Kriegern aber wird es ein Vergnügen sein, dich zu fangen und hier auf diesem Platz am Marterpfahl zu rösten. Nun verschwinde!»

Pontiac schritt hoch erhobenen Hauptes dem Fluß entgegen, wo er seine beiden Begleiter und das Kanu wußte.

Vor ihm öffneten sich die Reihen der Irokesen und sie schlossen sich wieder hinter ihm und kein einziger Laut ertönte. Aber die Augen der Männer und Frauen sprühten diesmal von Haß.

Joseph Brant ließ General Amherst unverzüglich wissen, daß der Kriegsausbruch in Kürze zu erwarten sei.

Der Engländer lachte beim Lesen dieser Nachricht und da der indianische Bote ihn nicht verstehen konnte, sagte er zu allen Offizieren: «Der gute Joseph Brant wird langsam alt. Nun sieht auch der schon Gespenster!»

VI.

Mitten im Urwald, am Ufer des Miami, lag das Fort, dem der Fluß seinen Namen geliehen hatte.

Fähnrich Holmes war dort Befehlshaber.

Es unterstanden ihm Sergeant John Willis und neun Mann.

Der Dienst war, wie überall in den englischen Grenzforts, eintönig und langweilig.

Ein kleiner Jagdzug auf Rotwild, eine Bärenhatz, eine Streife durch das Dickicht jenseits des Flusses oder ein Besuch im benachbarten Indianerdorf, boten hin und wieder willkommene Abwechslung.

Fähnrich Holmes, ein flotter, junger Mann, ein keckes Schnurrbärtchen im hübschen Gesicht, war etwas mehr als zwanzig Jahre alt.

Vor kurzem erst, war er auf Befehl des Oberkommandierenden in dieses, von Gott und der Welt verlassene Fort kommandiert worden.

Holmes empfand die Abgeschiedenheit von jeder Zivilisation ganz besonders schmerzlich.

Im Osten hatte es Zerstreuung und Vergnügen gegeben.

Dort gab es schöne Frauen, rauschende Bälle und alles das, was das Leben eines jungen, verwöhnten Mannes überhaupt lebenswert machte.

Der Fähnrich war kein Kirchenlicht, kein Kommisknopf, dafür aber gutmütig, hilfsbereit.

Vor allem war er unerfahren in den Gefahren und Tücken der Wildnis, aber auch unerfahren im Umgang mit der Mannschaft, die den etwas willensschwachen Vorgesetzten zu ihrem Vorteil weidlich ausnützte.

Mehr als den Waffendienst liebten die Soldaten das Kartenspiel und mehr als körperliche Arbeit, einen gemütlichen Schwatz bei Rum oder Whisky.

Zwar gab sich Sergeant Willis, ein altgedienter Veteran, redlich aber vergeblich Mühe, der zuchtlosen Besatzung Disziplin beizubringen.

Aber da nützte alles Fluchen, Schimpfen und Drohen nichts mehr, wenn er sogar vom Kommandanten im Stiche gelassen wurde.

Wieder einmal, wie schon so oft vorher, stand der Sergeant seinem Vorgesetzten gegenüber.

«Die Sache gefällt mir je länger je weniger, Sir», klagte er, «unsere Männer verludern beim Schnaps und versimpeln vor lauter Nichtstun. Die Disziplin ist zum Teufel. Wie sollen unsere Leute kämpfen können, wenn sie den Gebrauch der Waffe verlernen? Auch hätte das Fort neue Palisaden dringend notwendig, aber die Burschen drücken sich von jeder Arbeit.»

Holmes lachte.

«Ihr seht zu schwarz, altes Rauhbein. Macht Euch doch nicht unnötige Sorgen. Was grämt Ihr Euch wegen des Zustandes unseres Forts? Es herrscht ja Friede im Lande! Niemand denkt mehr an Krieg . . .»

Bekümmert schüttelte Willis den Kopf.

«Ich bewundere Eure Zuversicht, Sir. Aber ich sehe nichts, was sie rechtfertigen könnte. Wenn wir auch die Franzosen besiegt und aus dem Lande gejagt haben, so sind doch noch die verdammten Indianer da. Und diesen Schlangen traue ich nicht über den Weg.»

Da lachte der Fähnrich schallend.

«Mein guter John, Ihr seht wahrhaftig Gespenster! Schaut Euch doch die Indianer an, da im Nachbardorfe! Glaubt Ihr ernstlich, daß uns von diesen Leutchen Gefahr droht? Eure ewigen Warnungen stehen mit der Wirklichkeit im Widerspruch, Sergeant.»

Er griff nach einer Karaffe Whisky und schenkte zwei Gläser ein.

«Trinkt, John, dann sieht die Welt für Euch wieder etwas heller aus!»

Aber der Sergeant blieb starrköpfig.

«Ich habe da meine Erfahrungen, Sir. Schließlich habe ich nahezu mein ganzes Leben an der Grenze verbracht, und die Indianer kenne ich wohl wie kein zweiter. Solange auch nur einer von diesen Halunken lebt, droht uns Gefahr, das laßt Euch gesagt sein.»

Er räusperte sich.

«Bin ich da unlängst wieder drüben im Dorf gewesen, um zwei unserer Kerle zurückzuholen, die sich, entgegen meinem ausdrücklichen Befehl, unerlaubterweise vom Fort entfernt hatten. Ihr wißt es ja, die Indianer sehen es nicht gerne, wenn Soldaten sich mit ihren Weibern herumtreiben und es schickt sich auch nicht für einen weißen Mann!»

Den letzten Satz hatte er betont scharf ausgesprochen und ein Seitenblick auf den Fähnrich bewies ihm, daß er sein Ziel getroffen hatte.

Unter den Soldaten war es ein offenes Geheimnis, daß der Fähnrich einem bildschönen Indianermädchen den Hof machte und daß seine Bemühungen offenbar nicht ohne Erfolg geblieben waren — sehr zum Verdruß nicht nur des Sergeanten, sondern auch der wenigen jungen Krieger, die in Holmes einen unerwünschten Nebenbuhler erkannten.

«Kommt zur Sache, Mann», knurrte der Fähnrich.

«Gewiß, Sir, hatte also die beiden Burschen am Schlafittchen gepackt, waren übrigens stockbetrunken, was den Respekt vor uns auch nicht gerade erhöht, und wollte ihnen den Marsch blasen, als ich von dem Mädchen, das Ihr ja ebenfalls kennt, angesprochen wurde.»

Holmes fühlte, wie er rot wurde.

Es war ihm peinlich, von seinem Sergeanten daran erinnert zu werden, daß er mit diesem Indianermädchen ein unerlaubtes Verhältnis unterhielt.

Teufel, wenn das General Amherst zu Ohren käme — er wäre wohl die längste Zeit Fähnrich gewesen.

Amherst kannte in solchen Dingen keinen Spaß.

Unbehaglich rutschte er hin und her und versuchte, mit hochmütiger Miene seine Verlegenheit zu verbergen.

Doch ungerührt sprach Willis weiter.

Indianische Krieger. Der Indianer pflegte sich bei jeder und für jede Gelegenheit im Gesicht und oft auch am ganzen Körper bunt zu be malen. Die Farben dafür gewann er aus Pflanzen und aus Mineralien, und mit tierischem Fett wurden sie zu Schminke gemischt. Jede Bemalung hatte ihre tiefe, symbolische Bedeutung: im Kriege mußte sie den Feind erschrecken, Freude und Trauer kamen durch sie zum Ausdruck, er bemalte sich für die Jagd und für die Teilnahme an den Beratungen. Aus der Art der Bemalung, des Schmukkes, der Kleidung und der Haartracht ließ sich auch die Stammeszugehörigkeit erkennen.

Indianerfrauen ernten wilden Reis. Wohl sind Fleisch, Mais und noch einige Beerensorten die hauptsächlichsten Nahrungsmittel der Indianer gewesen. Aber manche Frau verstand es gut, mit Wurzeln und Kräutern die täglichen Mahlzeiten zu verfeinern und abwechslungsreicher zu machen. Bei einigen Stämmen war aber auch der Reis auf der « Menükarte » zu finden. In den südlichen Staaten Nordamerikas vor allem, doch bis hinauf zu den großen kanadischen Seen, gab es überall Sumpfgebiete, in denen der wilde Reis üppig sproß. Die Frauen ernteten diese willkommene Zugabe nach der damals üblichen Manier: büschelweise wurden die Halme geschnitten und gleich im Kanu durch eine Art Dreschen von den Körnern befreit.

«Das Mädchen radebrechte in seinem schaurigen Kauderwelsch: ‚Sagen weißem Häuptling in festem Haus, daß viel, mächtig Gefahr! Weißer Häuptling auf Hut sein, Indianer viel bös!'»

«Na, und?» fragte Holmes. «Ihr werdet doch solches Geschwätz nicht etwa ernst nehmen!»

«Ich nehme es ernst, Sir», sagte Willis fest, «irgend etwas braut sich gegen uns zusammen. Das Mädchen hat sein Leben riskiert, um mir diese Nachricht mitzuteilen. Ich rate Euch dringend, nun endlich alles zu tun, um Fort Miami in Verteidigungsbereitschaft zu setzen. Wir haben nicht mehr viel Zeit zu verlieren. Laßt Euch das mit allem schuldigen Respekt von mir gesagt sein, Sir!»

Holmes lachte gezwungen.

Er füllte die Gläser von neuem und trank das seine mit einem Zuge aus.

Dann brütete er vor sich hin.

Schlagartig war ihm plötzlich zum Bewußtsein gekommen, daß er bis jetzt leichtsinnig und verantwortungslos gehandelt hatte.

Was geschah, wenn Sergeant Willis wirkliche Gefahren ahnte?

Das Fort war tatsächlich in einem liederlichen Zustande. Die Mannschaft keineswegs kampfbereit.

Irgend etwas mußte geschehen!

Wie aus weiter Ferne hörte er die Stimme des Unteroffiziers.

«Es wäre, mit Verlaub zu sagen, Sir, bestimmt zweckdienlich, diese Warnung an das Hauptquartier weiterzugeben. Die haben ja dort kaum eine Ahnung, wie es an der Grenze steht. Noch nie ist ein hoher Offizier bei uns gewesen, um sich die Verhältnisse bei uns anzusehen.»

«Zu unserem Glück, Willis», grinste Holmes kläglich, «aber diesmal neige ich doch dazu, Euch Glauben zu schenken. Ruft die Besatzung zusammen, Sergeant, ich will die notwendigen Befehle erteilen. Und die Warnung an das Hauptquartier werde ich abschicken. General Amherst wird erkennen, daß wir wachsam sind und unsere Augen offen halten.»

Mit einer straffen Kehrtwendung verließ Willis den Raum.

Als er die Türe geschlossen hatte, blieb er einen Augenblick sinnend stehen. Dann schüttelte er den Kopf.

«Hoffentlich ist es noch nicht zu spät», brummte er, «dieser verdammte Grünschnabel hätte uns mit seiner Nachlässigkeit noch um Kopf und Kragen bringen können.»

*

Aber es war zu spät!

Das Gespräch zwischen Fähnrich Holmes und Sergeant Willis hatte in den Morgenstunden stattgefunden.

Nachmittags überzog sich der Himmel.

Gewitterschwüle legte sich über den dampfenden Wald.

Eine unheimliche Stille breitete sich aus.

Wie flüssiges Blei wälzten sich die Fluten des Miami durch Tann und Buschgewirr.

Plötzlich wurde es Nacht.

Fahle Blitze erhellten die Finsternis.

Gefährlich grollte der Donner.

In dieser Stunde glitt ein Kanu über den Fluß und legte etwas unterhalb der Festung an.

Eine alte Indianerin sprang trotz ihrer Leibesfülle behende ans Ufer.

Sie zog das Boot halbwegs ans Ufer, band es mit dünnen Lederriemen an einen Baumstamm, legte die Paddel sorgfältig hinein und schritt dem Fort entgegen.

Drohend wuchteten die ungefügen Palisaden aus dem Nachtdunkel.

Mit schriller Stimme begehrte sie Einlaß.

Es dauerte eine Weile, bis das bleiche, schnurrbärtige Gesicht von Sergeant Willis über der Umfriedung auftauchte.

Mißtrauisch musterte er die Indianerin und mit Erstaunen erkannte er in ihr die Mutter des Mädchens, das seine Gunst dem Fähnrich geschenkt hatte.

«Was willst du zu so später Stunde?» forschte der Sergeant.

«Mich hereinlassen», jammerte die Frau.

«Komm morgen wieder», antwortete Willis barsch, «das Fort ist geschlossen.»

Er wollte sich abwenden, aber da erfüllte das Geschrei der Indianerin die Stille.

«Mich hereinlassen! Mich hereinlassen!»

Wütend drohte ihr Willis mit der Faust.

«Schere dich weg!» brüllte er zornig, doch da stand plötzlich, herbeigelockt durch das Gekneife der Frau, Fähnrich Holmes neben dem Unteroffizier.

«Was gibt's da für einen Spektakel, Sergeant?»

Willis zeigte auf die Indianerin.

«Das verfluchte Weib begehrt Einlaß ins Fort», schimpfte er, «ich habe sie weggewiesen und nun schreit sie, als ob ihr ein Messer im Rücken stecken würde.»

Holmes überlegte einen Augenblick.

«Laßt sie herein, Sergeant», entschied er.

Überrascht blickte Willis seinen Vorgesetzten an.

«Das ist doch nicht Euer Ernst, Sir? Um diese Zeit! Und wer weiß, was da für eine Schurkerei dahintersteckt!»

«Eure Vorsicht in Ehren, aber Ihr werdet Euch doch vor einem alten Weib nicht fürchten! Laßt sie herein, habe ich gesagt!»

«Nur weil sie die Mutter dieses Mädchens ist», murrte Willis.

Unbeherrscht fuhr Holmes den Unteroffizier an.

«Ihr sollt sie hereinlassen, zum Donnerwetter! Los, wird's bald!»

*

Umständlich erklärte die Indianerin dem Fähnrich, daß er unverzüglich mit ihr in das Dorf fahren müsse.

«Meine Tochter schwer krank, sehr schwer krank», radebrechte sie, «meine Tochter sagen, daß weißer Häuptling kommen. Nur weißer Häuptling kann helfen.»

Verwirrt blickte Holmes bald auf die Indianerin, bald auf den Sergeanten, der mit abweisender Haltung neben ihm stand.

«Was ratet Ihr mir, Sergeant?» fragte er unschlüssig.

«Da gibt es doch kein Überlegen, Sir», antwortete Willis erstaunt, «ich sagte es schon, da steckt eine Gemeinheit dahinter. Jagt die Frau weg, je schneller, desto besser. Mag sie morgen wiederkommen.»

Aber die Indianerin jammerte und weinte so herzzerbrechend, daß Holmes es nicht über sich brachte, dem Rat des Sergeanten zu gehorchen.

«Willis, ich gehe!»

Erschrocken packte der Sergeant den Fähnrich am Rockaufschlag.

«Das kann doch nicht wahr sein, Sir?» sagte er ungläubig. «Ihr begebt Euch in Lebensgefahr. Ich warne Euch dringend! Sir, Ihr kennt die Indianer nicht...»

Scharf fiel ihm Holmes in die Rede.

«Ich gehe!»

Er sah nicht das triumphierende Aufleuchten in den Augen der Frau, er sah nur das hoffnungslose Schulterzucken des Sergeanten und etwas versöhnlicher fügte er hinzu:

«Die Indianer werden mir nichts tun, Willis. Aber

wenn das Mädchen wirklich krank ist, dann muß ich hinfahren, versteht Ihr. Vielleicht vermag ich ihm zu helfen.»

Willis wandte sich ab.

«Ich habe Euch gewarnt, Sir. Mehr konnte ich nicht tun.»

Sein haßerfüllter Blick streifte die Frau, als er den beiden das Tor öffnete.

«Wenn Ihr bis Sonnenaufgang nicht zurückgekehrt seid, Sir», sagte er zum Fähnrich, «dann werde ich mit allen Leuten ins Dorf fahren. Wehe den Indianern, wenn sie Euch auch nur ein Haar gekrümmt haben!»

«Schon gut, Sergeant», lächelte Holmes.

Dann verschwand er mit der Indianerin in der undurchdringlichen Finsternis des Urwaldes.

*

Die Indianerin war nicht aus freiem Willen nach Fort Miami gefahren.

Ihr war der erste Teil jenes Planes zugedacht worden, den Pontiac und der Häuptling des Stammes in stundenlanger Beratung ausgeheckt hatten und der die Besitzergreifung der Flußfestung zum Ziele hatte.

Mit Absicht hatte der Häuptling gerade diese Frau ausgewählt.

Er wußte von der Liebschaft ihrer Tochter zu Fähnrich Holmes und er zögerte nicht, diese Tatsache als Druckmittel zu verwenden.

Als die Frau sich anfänglich weigerte, diesen Auftrag

zu übernehmen, machte der Häuptling nicht lange Federlesens.

«Du bist allein, Frau», sagte er kalt, «dein Mann ist tot. Nur die Tochter ist dir geblieben. Ihr beide wäret schon längst Hungers gestorben, wenn nicht der ganze Stamm für euch gesorgt hätte. Wie habt ihr uns das gelohnt, Frau? Deine Tochter verschmäht die jungen Krieger des Stammes und wirft sich dafür unserem ärgsten Feind an den Hals. Überdies haben wir Gewißheit, daß sie den weißen Häuptling gewarnt hat. Das ist doppelter Verrat! Wenn du dich weigerst, den dir zugedachten Auftrag zu erfüllen, werden wir nicht zögern, deine Tochter zu richten.»

Jetzt erklärte sich die Indianerin bereit zu tun, was man von ihr verlangte.

«Öffne deine Ohren, Frau, und höre gut zu, was ich dir zu sagen habe», erläuterte der Häuptling, «wenn die Sonne untergeht, wirst du nach Fort Miami fahren und mit dem weißen Häuptling sprechen. Sage ihm, daß deine Tochter schwer erkrankt ist und daß nur er sie wieder gesund machen kann. Fordere ihn auf, daß er dich ins Dorf begleitet. Flehe ihn an, weine, schreie, tue alles, damit er dir Folge leistet.»

«Und wenn er nicht will?» wagte die Frau einzuwerfen.

Mit einer ärgerlichen Handbewegung wischte der Häuptling den Einwand weg.

Gefährlich glitzerten seine Augen. «Dann», antwortete er kühl und ohne jede Regung, «dann wird deine Tochter mit ihrem Leben dafür büßen.»

Entsetzt preßte die Frau ihre Fäuste an den Mund.

«Du weißt nun Bescheid», sagte der Häuptling.

Bevor die vor Angst zitternde Frau seinen Wigwam verließ, drehte sie sich nochmals um und fragte: «Was hast du mit dem weißen Häuptling vor?»

«Das», antwortete der Indianer gedehnt, «lasse meine Sorge sein.»

*

Kaum hatte die Frau das Dorf verlassen, um ihren schweren Gang nach Fort Miami anzutreten, machten sich an die fünfzig schwerbewaffnete Krieger, an ihrer Spitze der Häuptling, ebenfalls bereit, in ihre Kanus zu steigen und flußaufwärts, nach der Festung der Agalaschima zu paddeln.

Als die Frau vor den Palisaden stand und mit Sergeant Willis unterhandelte, landeten die Indianer.

Der Häuptling und drei Krieger legten sich beim Kanu der Frau in einen Hinterhalt. Die andern versteckten sich in der Nähe.

Das geschah völlig lautlos.

Die Blitze zuckten heller, der Donner rollte lauter, als die Frau, dicht gefolgt von Fähnrich Holmes, sich ihrem Kanu näherte.

Ein triumphierendes, häßliches Grinsen glitt über die scheußlich bemalten Gesichter der wartenden Krieger. Der Häuptling frohlockte.

Während die Frau ihr Kanu löste, um es ins Wasser zurückzustoßen, erfüllte sich das Schicksal von Fähnrich Holmes.

Leise zischte der Häuptling.

Eine schwere Hand legte sich auf den Mund des Weißen, ein eisenharter Arm schlang sich um seinen Hals und bevor der zu Tode erschrockene Fähnrich überhaupt recht wußte, was ihm geschah, fuhr ihm ein Messer mitten ins Herz.

Die Frau hörte das Geräusch.

Sie drehte sich um.

Sie wollte vor Entsetzen schreien.

Da traf sie der zielsicher geführte Schlag eines Schädelbrechers.

Seufzend sank sie zusammen. «Werft beide in den Fluß», befahl der Häuptling.

Jetzt brach das Frühlingsgewitter mit voller, urweltlicher Wucht los.

Das begünstigte das Vorhaben der Indianer.

Katzengewandt eilten sie auf leisen Sohlen dem Fort entgegen.

Einige der jüngsten Krieger kletterten behende an den Palisaden empor, ließen sich in den Hof fallen und öffneten das Tor.

Umsichtig dirigierte der Häuptling die einzelnen Trupps und ehe nach der Zeitrechnung des weißen Mannes fünf Minuten vergangen waren, lagen Sergeant Willis und seine Männer gebunden und geknebelt zu Füßen der Indianer.

Man schleppte die Gefangenen weg.

Fort Miami ging in Flammen auf.

VII.

Nicht in erster Linie seinen Soldaten, sondern den wagemutigen Waldläufern, den «Coureurs du bois» und den sanften, tapferen und willensstarken Jesuiten, hatte Frankreich die Besitznahme und die Erschließung Kanadas zu danken.

Die Jesuitenpatres de Brébeuf, Marquette, Menard, Le-Moyne, Chaumont, Dablon, Allouez und andere, werden heute noch von den französischsprechenden Kanadiern hoch verehrt.

Als Seelsorger und als Entdecker haben sie, nur mit Kreuz, Rosenkranz und Brevier bewaffnet, Gewaltiges geleistet.

Mancher von ihnen beschloß sein Leben unter schrecklichen Qualen am Marterpfahl englandtreuer Irokesen.

Doch unter den Stämmen der Algonkin besaßen die «Schwarzröcke» oder «Schwarzen Väter» eigentlich nur Freunde.

Wenn einige Indianer auch nicht unbedingt zuverlässig waren, so haben sie den Missionaren doch nie Feindschaft entgegen gebracht.

Das Geheimnis dieses unbestreitbaren Erfolges war wohl in erster Linie in der Duldsamkeit der Jesuiten zu suchen, die sie den «Kindern des Urwaldes» gegenüber zeigten.

Gewiß, sie kannten nur ein Ziel: die Verbreitung des Christentums unter den Indianern.

Um dieses Ziel zu erreichen, scheuten sie vor keinem Hindernis zurück, wichen sie keinen Gefahren aus, nahmen sie die härtesten Entbehrungen willig auf sich und brachten sie oft sogar das Opfer ihres eigenen Lebens dar.

Aber die Jesuiten waren nicht nur Geistliche, nicht nur Ordensmänner und Prediger.

Sie waren auch wahre Menschenfreunde, die ohne zu zögern halfen, wo Hilfe nötig war; die auch als Ärzte und Krankenpfleger Großtaten vollbrachten und die endlich auch großmütig und großzügig genug waren, die Sitten und das Brauchtum der Indianer zu achten.

Alle diese Eigenschaften unterschieden die «Schwarzen Väter» von den finsteren, bibelwütigen Sektierern unter den englischen Puritanern, die in den Indianern nur die bösen Heiden sahen, die mit Feuer und Schwert entweder zum Christenglauben bekehrt oder dann ausgerottet werden mußten.

In deren Dörfern gab es keine Freude, keine harmlosheitere Lustbarkeit, die für die Franzosen so charakteristisch gewesen war und die das Zusammenleben der beiden so grundverschiedenen Rassen erleichtert hatte.

In den Siedlungen der englischen Puritaner herrschte die eiserne Strenge des Sektengesetzes und wehe dem Unglücklichen, der auch nur einen Fußbreit vom Pfade abwich, den die Eiferer mit dem völlig unzutreffenden Attribut Tugend benannt hatten.

Ihn trafen die härtesten Strafen, die für solche Sünde vorgeschrieben war.

Wohl demjenigen, der mit Pranger oder Auspeitschung glimpflich davonkam.

Grausam aber war das Schicksal jener Frauen und Männer, die als Hexen und als Ketzer entweder enthauptet, gehängt, gevierteilt oder verbrannt wurden.

Am schlimmsten aber traf die Bekehrungswut dieser tugendsamen Eiferer doch die Indianer, denen man erst einmal das Land geraubt hatte und die man in der Folge vernichtete oder in die Sklaverei verkaufte.

*

Am riesigen Michigan See, im Lande der Potowatomie, lag St. Joseph, bis zum Abschluß des englisch-französischen Krieges eine Missionsstation der Jesuiten.

Die von ihnen betreuten und in der Mehrzahl auch getauften Potowatomie, hatten als loyale Verbündete des großen Onontio unter General Montcalm gekämpft.

Als die Sieger in ihr Land einbrachen und St. Joseph besetzten, mußten die Indianer dafür büßen, daß sie unter dem Lilienbanner gegen das Georgskreuz gestritten hatten.

Rücksichtslos, unter Mißachtung aller menschlichen Gefühle, wurden die Schwarzen Väter aus der von ihnen aufgebauten Missionsstation verjagt.

Die siegestrunkene Soldateska verwüstete das Gotteshaus und plünderte die karg eingerichteten Wohnräume der plötzlich heimatlos gewordenen Jesuiten.

Damit die Potowatomie von der ersten Stunde an wußten, wer nunmehr in St. Joseph zu befehlen hatte, zwang man sie, dem Wüten der Engländer zuzusehen.

Häuptlinge und Krieger, Frauen und Kinder, wurden zu Zeugen, wie man ihre geliebten Väter, mit denen sie in einem innigen, ja familiären Verhältnis gelebt hatten, mit Hohn und Spott, mit Fußtritten und Schlägen vertrieb.

Aber wenn die Engländer etwa geglaubt hatten, mit solchem Anschauungsunterricht die Indianer vom Herrschaftsanspruch der Sieger zu überzeugen und die Besiegten in ihren Augen lächerlich zu machen, dann allerdings hatten sie sich schwer getäuscht.

Die waffenlosen Krieger ballten ingrimmig ihre Fäuste und sie schworen, angesichts dieses Unrechtes und dieser Willkür, den Engländern blutige Rache.

Gleich ihren Frauen, schämten sie sich nicht der Tränen, als die Jesuiten von ihnen Abschied nehmen mußten.

Und das «Au revoir!» — Auf Wiedersehen! — war für die Potowatomie zugleich ein heiliges Versprechen, das sie unter allen Umständen einlösen wollten.

St. Joseph aber wurde von den Rotröcken in eine Festung umgebaut und dem Befehl eines Leutnants unterstellt.

*

Als Pontiac später die Potowatomie aufsuchte und vor ihnen seinen Plan für die Vertreibung der verhaßten Agalaschima entwickelte, wurde ihm stürmische Zustimmung zuteil.

In wildem Tanze umkreisten die Krieger den roten Pfahl und zerhackten ihn in kleine Stücke.

So wollten sie den Engländern die Vertreibung der Schwarzen Väter und die erlittenen Demütigungen heimzahlen!

Pontiac triumphierte.

Auf die Potowatomie durfte er sich verlassen.

Da gab es kein Wenn und kein Aber und keine Eifersüchteleien wie anderswo.

Wenn die Stunde schlug, würden die Krieger zwischen dem Michigan und dem Huron See wie ein Mann aufstehen!

Aber Pontiac mußte die Häuptlinge zur Geduld und zur Vorsicht ermahnen.

«Die Agalaschima dürfen vor der Zeit nichts erfahren. Seid freundschaftlich zu ihnen, auch wenn es euch schwer fällt, meine Brüder. Seid listig und klug wie die Schlangen. Wiegt den Feind in Sicherheit. Macht ihn sorglos. Wenn dann die Zeit kommt, da ich euch rufe, werdet ihr die Rotröcke mit Leichtigkeit vernichten. Schlauheit und Verräterei seien eure Kampfgenossen. Sie ersetzen uns die Kanonen, über die wir jetzt noch nicht verfügen.»

Die Potowatomie waren mit Eifer bei diesem Spiel.

Freundlich und unterwürfig verkehrten sie mit den Engländern.

Jede Beleidigung steckten sie ein, jede Lüge nahmen sie als bare Münze und offene Verachtung dankten sie mit speichelleckerischer Kriecherei.

Aber in ihren Herzen loderte die Flamme der Rache und ungeduldig warteten sie darauf, daß Pontiac rief!

Mit der Zeit hatten sich die Soldaten so an das Verhalten der Indianer gewöhnt, daß ihnen jede Wachsamkeit und jede Vorsichtsmaßnahme als überflüssig erschien.

Die Potowatomie gingen im Fort ein und aus, wie es ihnen beliebte.

Die Engländer kümmerten sich nicht mehr darum, ein Wunder, daß das Tor während der Nacht noch geschlossen wurde.

Die Häuptlinge frohlockten.

Sie hatten ihren Plan festgelegt.

Er konnte nicht mißraten.

Und dann geschah es!

In bloß zwei Minuten waren der Leutnant und seine Männer niedergemacht.

Skalpe baumelten an den Gürteln der rasenden Krieger.

Eine Stunde später war Fort St. Joseph ein rauchender Trümmerhaufen.

Die Potowatomie hatten ihre Rache heiß genossen!

*

Tanz der «Falschgesichter» bei den Irokesen. Unter den vereinigten Stämmen des irokesischen Staatenbundes spielten die «Falschgesichter» eine maßgebliche Rolle. Im Jahresablauf und bei zahlreichen heiligen Veranstaltungen fanden die Gesellschaften der «Falschgesichter» wiederholt Gelegenheit, ihre eigenartigen Maskentänze zu produzieren. Die trotz ihres erschreckenden Anblicks sehr eindrücklichen, «sprechenden» Holzmasken finden ihr europäisches Gegenstück etwa in den Holzmasken des schweizerischen Lötschentals (sog. Tschäggätä) oder in den Fasnachtsmasken der «Narro» im badisch-württembergischen Raum.

Indianer bauen ein Kanu. Außer dem beliebten, schnellen und weit verbreiteten Rindenkanu kannten einzelne Stämme auch den «Einbaum», ein schwereres und wohl auch etwas unbeholfeneres Boot, das aus einem einzigen Baumstamm gehauen und gebrannt wurde. Wir sehen hier zwei Indianer, die damit beschäftigt sind, das Kanu auszukerben, und die, um sich diese mühsame Arbeit zu erleichtern, das Bootsinnere teilweise ausbrennen.

Es fielen an diesem Tag im Frühling des Jahres 1763 Fort Ligonier, Fort Lebœuf und Fort Venango.

Fort Presqu'Isle am Erie See, wo Fähnrich Christy kommandierte, leistete zwei Tage Widerstand.

Es war ein starkes Fort, gut instand gehalten, mit einer gefechtstüchtigen Besatzung, die auch über Geschütze verfügte.

Wyandot, Lenapen und Schawano hatten die Festung umzingelt, und zwar vom Lande und vom Wasser her.

Der große Häuptling Cornstalk, auf deutsch «Maisstengel», führte die Horden an.

Dieser Cornstalk, dem Volke der Schawano zugehörig, war ein hochgesinnter, kluger Mann.

Er war überzeugt, daß er mit seinem halben Tausend Krieger das Fort und die Handvoll Soldaten ohne große Anstrengung überrennen konnte.

Trotzdem versuchte er, die Kapitulation des Kommandanten auf friedlich-gütlichem Wege einzuleiten.

Ungeachtet der auf ihn gerichteten Kanonenrohre und der schußbereiten Flinten, schritt Cornstalk auf Rufweite an die Palisaden heran und verlangte den Befehlshaber zu sprechen.

Fähnrich Christy erschien auf der Plattform.

«Bist du der weiße Häuptling, der über diesen festen Platz gebietet?» fragte Cornstalk höflich in leidlichem Englisch.

«Ich bin es», antwortete Christy kurz angebunden.

«Siehe, mein Bruder», rief Cornstalk und wies mit einer weiten Bewegung seines ausgestreckten Armes auf die wartenden Krieger, «ich verfüge über mehr als zwanzigmal soviele Kämpfer als du. Deshalb frage ich dich an: Willst du das Fort in die Hände von Cornstalk geben? Dein Leben und das Leben deiner Männer werden gesichert. Es soll euch kein Leid geschehen.»

Verächtlich schürzte Christy seine Lippen.

«Du sprichst mit gespaltener Zunge, Häuptling», antwortete er, «wie soll ich dir glauben, da du doch mitten im Frieden vor unser Fort ziehst und uns mit Krieg drohst.»

«Hüte dich vor bösen Worten», grollte Cornstalk, «du schimpfst mich einen Lügner! Zum erstenmal höre ich diesen Vorwurf und dazu noch aus dem Munde eines weißen Mannes. Cornstalk hat noch nie gelogen. Er steht zu seinem Wort.»

«Du weichst meiner Frage aus, Häuptling», schrie Christy erbost, «warum drohst du mit Krieg, da doch zwischen uns und deinem Volke Friede herrscht?»

«Die Indianer haben das Kriegsbeil ausgegraben, weil die Agalaschima wortbrüchig geworden sind und unser Land begehren.»

«Ich ergebe mich nicht, Häuptling», entschied der Fähnrich, «aber ich habe auch keine Feindschaft gegen dich. Kehrt zurück in eure Dörfer. An Fort Presqu'Isle werdet ihr euch die Zähne ausbeißen!»

«Du dummer, starrköpfiger weißer Mann», donnerte

Cornstalk enttäuscht, «wenn es dir an Weisheit mangelt, so mögen die Waffen sprechen.»

Er wandte sich um und schritt zurück in die Reihen der wartenden Krieger.

Tagsüber blieben die Indianer zu Lande und auf dem Wasser außerhalb Büchsenschußweite untätig stehen.

Anfänglich riefen ihnen die Soldaten Schimpf- und Spottworte zu, nannten sie Weiber und Hasen und empfahlen ihnen, sich in ihre Wigwams zu scheren.

Als es aber gegen Abend ging, wurden die Rotröcke unruhig.

Was mochten die Indianer wohl im Schilde führen?

Weshalb griffen sie nicht an?

Dunkelheit legte sich über das Land.

Bei den Indianern auf der Halbinsel flammten mächtige Feuer auf.

Die Soldaten begannen zu frieren.

Ihre Magen knurrten und ihre Beine wurden schwer wie Blei.

Fähnrich Christy war eben dabei, eine schichtweise Ablösung zu organisieren, da machten die Indianer ernst.

Ein feuriger Strahl zischte durch die Luft, senkte sich über das Fort und klatschte auf das hölzerne Dach der Festung.

Sofort fraßen die Flammen sich an den spindeldürren Sparren fest.

«Feuer!» gellte die Stimme eines Mannes.

Und jetzt zischten ringsum die Flammenpfeile, trafen

die Palisaden, die Dächer der Festung und der Baracken und überall, wo sie getroffen hatten, breiteten sich Brandherde aus.

In das Knistern und Prasseln der Flammen mischte sich das höhnisch-triumphierende Kriegsgeheul der Indianer.

«Holt die Lederkessel!» schrie Fähnrich Christy. «Füllt sie mit Wasser. Macht eure Wolldecken naß und bekämpft das Feuer, sonst werden wir bei lebendigem Leibe gebraten!»

Bald schien das Fort an allen Ecken und Enden zu brennen.

Fieberhaft arbeiteten die Soldaten und nun war es die Hitze, die ihnen zu schaffen machte.

Wenn die Indianer jetzt angreifen, fuhr es Christy durch den Kopf, dann sind wir verloren! Kein Mann steht auf den Palisaden!

Er rief seinem Sergeanten und gab ihm Befehl, sofort einige Soldaten an die Geschütze und auf die Palisaden zu stellen.

«Die Hunde werden bald angreifen und wir wollen uns nicht überrumpeln lassen!»

Aber Cornstalk dachte nicht an einen Sturm auf das Fort.

Er ließ die Beschießung mit Brandpfeilen fortsetzen und erst, als die Soldaten nach stundenlangem Löschen das dürre Holz derart mit Wasser überschüttet hatten, daß die heranfliegenden Flammen keinen Schaden mehr anrichteten, gebot er seinen Kriegern Einhalt.

«Die Sonne wird die Feuchtigkeit aufsaugen», sagte er, «bis zum nächsten Abend ist das Holz wieder trocken. Dann setzen wir unsere Beschießung fort.»

So geschah es.

Tagsüber ließen die Indianer ihre erschöpften Feinde in Ruhe.

Im Fort sah es schlimm genug aus.

Breite, schwarz geränderte Löcher klafften in den Palisaden. Auch die eigentlichen Festungsbauten waren schwer in Mitleidenschaft gezogen.

Die Männer waren rußverschmiert, die Uniformen schmutzig und zerfetzt, die Augen rot vom Rauch.

Nur mit äußerster Anstrengung hielten sich die Wachen aufrecht.

Wer keinen Dienst hatte, schlief vor Erschöpfung ein, wo er gerade stand oder lag.

*

Gegen die Mittagsstunde, als die Sonne am höchsten stand, näherte sich Cornstalk zum zweitenmal den Palisaden und wiederholte sein Kapitulationsangebot.

Fähnrich Christy würdigte ihn überhaupt keiner Antwort.

In der folgenden Nacht nahmen die Indianer ihre Beschießung wieder auf.

Die Soldaten schufteten bis zum Umfallen, bald gab es keinen unter ihnen, der nicht irgendwie verletzt war oder unter Brandwunden litt.

«Lange halten wir das nicht mehr aus», sagte der Sergeant zum Fähnrich, «in den Palisaden sind so breite Breschen, daß die Indianer einfach hinein spazieren können. Von den Männern ist kaum einer noch kampffähig. Noch eine solche Nacht und wir sind erledigt.»

Christy biß sich auf die Lippen.

Der Sergeant hatte nur zu wahr gesprochen.

Die Lage des Forts war verzweifelt.

Aber noch wehte der Union Jack auf der Fahnenstange und verkündete den Angreifern, daß der Widerstandsgeist der Besatzung ungebrochen war.

Am andern Tag wartete Christy vergeblich auf Cornstalk.

Der Häuptling wiederholte sein Angebot nicht mehr.

Der Fähnrich rief die Männer zusammen.

Es war eine traurige, armselige Schar, die sich da um ihn versammelte.

«Soldaten», sagte Christy niedergeschlagen, «wir sind am Ende. Eine dritte Beschießung halten wir nicht mehr aus. Wenn die Indianer angreifen, vermögen wir kaum mehr Widerstand zu leisten. Nirgends werden diese Halunken billiger in den Besitz von Skalpen kommen als bei uns.»

Er straffte sich.

«Ich werde Fort Presqu'Isle übergeben!»

«Ohne daß wir einen einzigen Flintenschuß auf die Indianer abgegeben haben!» schrie empört ein virginischer Kundschafter.

Christy knickte wieder zusammen.

Dieser Vorwurf traf ihn in seiner Soldatenehre.

Aber da begehrten die Männer auf.

«Was willst du noch?» drangen sie auf den Virginier ein.

«Los, tu dir keinen Zwang an, stürme los auf die Indianer! Du wirst sie gewiß in die Flucht schlagen!»

Verächtlich spuckte der Kundschafter aus.

«Feiges Pack», knurrte er und hielt sich abseits.

«Sergeant», befahl der Fähnrich, «holt die Fahne ein und hißt ein weißes Tuch. Hoffentlich weiß der Häuptling, was dieses Zeichen bedeutet.»

Langsam glitt der Union Jack an der Fahnenstange nieder.

Die erschöpften Männer bemühten sich, gerade zu stehen.

Grimmig drehte der Virginier seinen Schnurrbart.

Dem Fähnrich aber rollten die Tränen über das rußverschmierte Gesicht.

Als das Zeichen der Kapitulation hochgezogen wurde, stieg ein einziger Triumphschrei aus den Reihen der Indianer.

Stolz wölbte Cornstalk seinen mächtigen Brustkasten — er hatte gesiegt, ohne einen einzigen Krieger opfern zu müssen.

Der Schawano zeigte sich großmütig.

Er ließ die Weißen am Leben und beauftragte einige Krieger, die waffenlosen Gefangenen vor Pontiac zu führen.

«Mag er entscheiden, was mit den Agalaschima geschehen soll», sagte er, «wir ziehen weiter nach Fort Pitt!»

VIII.

An der Wasserstraße zwischen Michigan und Huron, lag das große, stark befestigte Fort Mackinaw.

Es diente zugleich als Umschlagposten für den ausgedehnten Pelzhandel zwischen den Indianern und weißen Trappern und den Aufkäufern der Hudson Bay Company — der schon damals größten Pelzhandels-Gesellschaft.

Captain Etherington war Befehlshaber.

Als seltene Ausnahme unter seinesgleichen, achtete und respektierte er auch die Indianer als Menschen.

Etherington war deshalb scharf darauf bedacht, daß sich die ihm untergebenen Offiziere und Mannschaften keine Übergriffe gegen die in der Nachbarschaft des Forts wohnenden Chippewa zuschulden kommen ließen.

In solchen Fällen nämlich verstand der Kommandant keinen Spaß!

Dunkelarrest bei Wasser und Brot war noch die leichteste Strafe, die er als Sühne gegen einen Missetäter verhängte.

«Wir wollen uns die Indianer nicht zu Feinden machen», pflegte er mahnend zu sagen, «sie sind stolz und rachsüchtig. Auch sind sie uns an Zahl überlegen. Deshalb ist es besser, wenn wir ihre Freundschaft zu gewinnen und zu bewahren suchen.»

Wie viele Engländer, war Captain Etherington ein begeisterter Anhänger von Spiel und Sport.

Vor allem aber war er ein geradezu leidenschaftlicher Zuschauer beim «Lacrosse», dem indianischen Schlagballspiel.

Das Wort «Lacrosse» ist französischen Ursprungs und läßt sich ohne Zweifel von «la crosse», auf deutsch Schläger, ableiten.

Diese Bezeichnung ist bis auf den heutigen Tag geblieben, denn Lacrosse und Eishockey sind Kanadas berühmte Nationalspiele.

Die Indianer oblagen dem Lacrosse mit Eifer, Ausdauer und einer Geschicklichkeit, die, gepaart mit Schnelligkeit und Härte, die Bewunderung Captain Etheringtons und seiner Soldaten erregte.

Das Spielfeld mußte möglichst groß und flach sein und auch länger als breit. An den beiden Längsenden wurden zwei mannshohe Pfähle als Tore in den Boden gerammt.

Zwei Parteien, mit je gleichviel Spielern, über deren Anzahl man sich vorher einigte und von denen ein jeder mit einem Schläger, einem Krummstock mit eingeflochtenem Netz aus Sehnen oder dünnen Lederstreifen, bewaffnet war, versuchten sich gegenseitig einen mit Haar gefüllten Lederball ins Tor zu treiben.

Ebenfalls vorher vereinbarte man die zeitliche Dauer des Spieles.

Diese konnte sowohl mit einigen Stunden, als auch mit dem Lauf eines ganzen Tages bemessen werden.

Schiedsrichter waren Häuptlinge beider Parteien.

Die reich mit Federn und mit sonstigem Zierat geschmückten und natürlich auch grell bemalten Spieler setzten sich mit unerhörter Hingabe für den Sieg ihrer Partei ein.

Sie schonten sich nicht und sie erwarteten auch keine Rücksichtnahme. Harte Rempler gehörten zur Charakteristik des Spiels.

Mehr oder weniger verletzte Spieler wurden einfach in Kauf genommen, doch wachten die Schiedsrichter streng darüber, daß Lacrosse nicht plötzlich in einen blutigen Kampf ausartete.

Die Chippewa wußten um Captain Etheringtons leidenschaftliches Vergnügen, das er für ihr Spiel empfand.

Deshalb erschienen sie oft vor Fort Mackinaw, um eine Partie Lacrosse auszutragen.

Vorher aber pflegten sie stets eine Abordnung vor den Befehlshaber zu schicken, die mit höflichen Worten die Spielerlaubnis einholte, und nie ist bekannt geworden, daß ihnen diese je einmal verweigert worden wäre.

Regelmäßig nämlich pflegten die Indianer mit der Bitte um Spielerlaubnis auch ihrer Hoffnung Ausdruck zu geben, den weißen Häuptling und seine Soldaten unter den Zuschauern zu wissen — ein Wunsch, den ihnen der Captain noch so gerne erfüllte.

Oft schon am Vorabend, sicher aber am frühen Morgen des Spieltages, erschienen die Indianer mit Kind und Kegel vor der Festung.

Blieb bis zum Spielbeginn noch genügend Zeit, hub erst einmal ein gewaltiges Schmausen an, um sich für die bevorstehende Auseinandersetzung zu stärken.

Solches Tun wirkt bekanntlich ansteckend und da die Indianer mit ihrer Jagdbeute recht freigebig umgingen, fiel auch für die Soldaten einiges ab.

So geschah es vielfach, daß die dienstfreien Rotröcke — Offiziere und Männer — sich ungezwungen unter die Indianer mischten und das war für jene Zeit sicher ein ebenso überraschender, wie ungewohnter Anblick.

Etherington selbst gab sich sehr leutselig.

Er unterhielt sich mit den Häuptlingen, sprach mit ihnen über den mutmaßlichen Ausgang des Spieles und nachdem er sich aus berufenem Munde über die Stärke der einzelnen Parteien hatte informieren lassen, schloß er mit seinen Offizieren oft waghalsige Wetten ab.

Trommelwirbel kündigte den Beginn des Matches an.

Indianer und Soldaten, Händler und Jäger drängten sich beidseits des Spielfeldes und versuchten die besten Plätze zu ergattern.

Dann traten die Spieler beider Parteien in feierlicher Prozession auf den Platz, nahmen Aufstellung, der Ball wurde hochgeworfen und vom nächsten Augenblick an standen die Zuschauer im Banne des Geschehens.

Einzig die betagten Frauen und Männer konnten diesem Sport keinen großen Geschmack mehr abgewinnen.

Dafür wartete ihrer anderweitige Zerstreuung.

Sie zogen es vor, die große Festung mit ihren Kramläden und Schenken aufzusuchen, sich da und dort bei einem kleinen Schwatz aufzuhalten, ein Tauschgeschäftchen zu machen oder gar einen Becher Rum zu trinken.

So kam ein jedes auf seine Rechnung, ob weiß, ob braun und der Spieltag wurde zu einem Tag der Freude, des Vergnügens und der Freundschaft.

*

Die Tatsache hatten Pontiac und die mit ihm verbündeten Häuptlinge der Chippewa einbezogen, als sie gemeinsam am Ratsfeuer saßen und die aussichtsreichste Methode erwogen, um Fort Mackinaw in ihren Besitz zu bringen.

Als der ahnungslose Captain Etherington einige Zeit vor dem Angriffstag die übliche Abordnung empfing, ihren wortreichen und höflich vorgetragenen Reden lauschte und dann, wie immer, seine Einwilligung für das Abhalten des beabsichtigten Spieles erteilte, dachte er wohl mit keinem Gedanken daran, daß er soeben sein Einverständnis mit den hinterhältigen Absichten der Häuptlinge erteilt hatte.

Er sah nicht das heimliche Aufglimmen in den Augen der Chippewa.

Er bemerkte nicht das triumphierende Lächeln auf den schmalen Lippen.

Natürlich hatte er auch keinen Augenblick überlegt, daß seine Zustimmung ihm einen Platz im Buch der amerikanischen Geschichte sicherte.

Denn der Fall von Fort Mackinaw entbehrt trotz seines ernsten Hintergrundes nicht eines gewissen Humors und ganz bestimmt hätte er sich ohne Captain Etherington und seine Vorliebe für das Lacrosse, nie in dieser Form zugetragen.

*

Na, es war das übliche fröhliche Drum und Dran.

Schon tags zuvor waren die Chippewa zu Hauf eingetroffen.

Es schien den Soldaten, als hätten sie diesmal reichlich viel Wildbret mitgebracht.

Den Rotröcken lief das Wasser im Munde zusammen, als der Bratenduft über die Palisaden in das Fort hinein wehte und in ihre Nasen stieg.

Gewohnheitsgemäß hatte Captain Etherington etwas verlängerten Ausgang gegeben, nicht ohne die Soldaten ernstlich an ihre Pflicht ermahnt zu haben.

Er selber saß bis zum Zapfenstreich mit den würdigen Häuptlingen zusammen, erfreute sich am saftigen Hirschbraten, an einem delikaten Bärenschinken, vielleicht noch an einer zarten Büffellende und erörterte dann, wie immer, die Möglichkeiten des morgigen Spiels.

Der Abend verlief in harmonischer Eintracht und als die Trompete Feierabend verkündete, gehorchten die Rotröcke dem Ruf ohne Widerspruch, denn der Nacht folgte ein dienstfreier Tag.

Die Tore wurden geschlossen.

Nur die Wachen patrouillierten auf den Wehrgängen.

Bald herrschte im Fort und draußen bei den Indianern völlige Ruhe.

Es war wie seit eh und je!

*

Ein strahlend schöner Frühlingsmorgen brach an.

Die Chippewa rüsteten sich zum Spiel.

Die Soldaten zogen ihre besten Uniformen an und bald danach säumten sie gemeinsam mit den Indianern das große Feld, auf dem der harte Kampf um Sieg oder Niederlage beginnen sollte.

Captain Etherington hatte die Wachen auf eine Mindestzahl reduziert, um möglichst vielen Soldaten Gelegenheit zu geben, dem spannenden Match zu folgen.

Ihm und seinen Offizieren waren von den Häuptlingen Ehrenplätze angewiesen worden und weder dem Captain, noch dem jüngsten Leutnant war aufgefallen, daß man sie ordentlich weit vom Haupttor des Forts entfernt hingesetzt hatte.

Die Zahl der Spieler war diesmal ganz besonders groß. Das allerdings war dem geübten und erfahrenen Auge des Kommandanten nicht entgangen.

Aber das bereitete ihm keine Sorge, versprach vielmehr erhöhten Genuß.

Je mehr Spieler sich auf dem Felde tummelten, desto wuchtiger, desto rasanter wogten die Angriffe hin und her und das war ganz nach dem Geschmack der Engländer.

Mit Hipp-Hipp-Hurra und dem schrillen Geschrei der Indianer begann das Spiel.

Mit den Chippewa brüllten die Engländer um die Wette, feuerten sie die Spieler an und beklatschten sie die erzielten Tore.

Sogar der wachthabende Sergeant und seine wenigen Männer hatten sich außerhalb des Forts begeben, um auch ein Auge voll erhaschen zu können.

Sie schöpften keinen Verdacht, weil diesmal bedeutend mehr betagte Frauen und Männer sich im Innern des Forts aufhielten und — entgegen der sonstigen Gewohnheit — sich grüppchenweise an verschiedenen Punkten niedergekauert hatten.

Nicht einmal die etwas komisch sich um die Körper wölbenden Decken hatten ihre Aufmerksamkeit oder gar ihr Mißtrauen erregt.

Da geschah es, daß der Ball erstmals über die Palisaden hinweg, in weitem Bogen in den Hof der Festung flog.

Flugs eilten einige Spieler neben der Wache durch das sperrangelweite Tor und holten den Ausreißer zurück — sonst hätte man ja nicht weiter spielen können.

Das geschah ein zweites und ein drittesmal.

Captain Etherington hob mißbilligend die Augenbrauen.

«Well, reichlich viele Fehlschläge heute. Findet Ihr nicht auch, Leutnant?»

Zustimmend nickte der Angesprochene.

Der Häuptling. Das muß ein ganz besonders tapferer Mann gewesen sein, den Langdon Kihn auf die Leinwand gebannt hat. Kopf und Federbalg des Kriegsadlers zieren sein Haupt. Eine Auszeichnung, die unter den Lenapen nur den Mutigsten zukam. Um seine breiten Schultern hat er das Fell eines in ehrlichem Zweikampfe getöteten Bären geworfen. Den Ohrenschmuck hat er vielleicht von einem mehr südwärts wohnenden Stamme eingetauscht, denn nur dort unten verstanden sie solche Kunstschmiedearbeiten herzustellen.

Lacrosse, das große Ballspiel der Indianer. Indianer waren nicht nur harte und strapazengewöhnte Krieger, sondern zumeist auch leidenschaftliche und tüchtige Sportler. Das «Nationalspiel» – wenn man so schreiben darf – der östlichen Stämme war ein Ballspiel, das die französischsprechenden Kanadier «Lacrosse» nannten. Ein Ball mußte mit Schlägen getrieben werden. Zwei Parteien spielten gegeneinander, und zwar oft stundenlang, wobei es nicht ohne Verletzte abging. Lacrosse wird in Kanada heute noch gespielt, und wenn zwei berühmte Mannschaften gegeneinander antreten, finden sich viele tausend begeisterte Zuschauer ein.

«Scheinen aufgeregt zu sein, die Burschen. Ist mir auch schon aufgefallen, Sir.»

Wieder stieg der Ball in die Höhe und senkte sich langsam hinter den Brustwehren ins Fort.

Nun wurde Etherington richtig ungehalten und wollte seiner Empörung über ein so miserables Spiel mit lauten Worten Luft machen.

Zu spät!

Bevor er nur daran denken konnte Widerstand zu leisten, fühlte er sich mit eisenhartem Griff gepackt, zu Boden gerissen und ehe er einen vernünftigen Gedanken fassen konnte, war er an Armen und Beinen gebunden.

Und neben ihm lagen die Leutnants und genau gleich erging es jenen Soldaten, die einzeln oder in Gruppen zwischen den ebenfalls zuschauenden Indianern eingekeilt waren.

Widerstandslos wurden sie überwältigt.

Die Spieler aber ergossen sich wie ein reißender Strom in das Fort.

Der Sergeant erkannte plötzlich die Gefahr.

Heldenmütig, aber sinnlos, stemmte er sich mit gefälltem Gewehr der Flut entgegen und empfing den Todesstreich, ehe er einen Schuß auslösen konnte.

Die Wachtsoldaten warfen vor Angst schlotternd, aber geistesgegenwärtig ihre Waffen weg und wurden wie die andern niedergerissen und gebunden.

In der Festung hatten die so harmlos scheinenden alten Leutchen mit ihren Runzelgesichtern die Decken abgestreift und darunter kamen Gewehre, Keulen und Schädelbrecher zum Vorschein.

Im Nu waren die Waffen in den Fäusten der Krieger, die nach genau eingeübtem Plan in kürzester Zeit Fort Mackinaw besetzten.

Wer Widerstand leisten wollte, wurde erbarmungslos niedergemacht.

Wer die Arme hob, wurde geschont.

Und es waren nur wenige, die sich zur Wehr setzten und dafür mit dem Tode büßten.

Dann stieg vielhundertstimmiges Triumphgeschrei in den 'klarblauen Himmel.

Fort Mackinaw war gefallen!

Mochte Captain Etherington noch so sehr mit den Zähnen knirschen, er änderte nichts mehr an der für ihn betrüblichen Tatsache.

Fort Mackinaw war im Besitze der Chippewa.

Pontiacs Plan hatte Erfolg gehabt.

Die Indianer plünderten die Festung nach Strich und Faden aus.

Den weißen Händlern liefen die Tränen herunter, als sie ohnmächtig zusehen mußten, wie die Frauen sich um die kostbaren Pelze, um den Kattun, um die Wolldekken und um tausenderlei andere Sachen balgten.

Offiziere und Soldaten sahen verbissen zu, wie die Krieger das Waffen- und Munitionsmagazin ausräumten.

Dann züngelten irgendwo Flammen über die Brustwehren, leckten an den Baracken, fraßen sich am Torbogen hoch und bald war das stolze Fort Mackinaw ein einziger, riesiger, lodernder Holzstoß.

Kerzengerade stieg eine schwarze Wolke hoch und kündete vom Sieg der Chippewa.

Als die Stange mit der wild flatternden Fahne krachend stürzte und im Flammenmeer versank, wandte sich Captain Etherington mit zuckenden Lippen ab.

Diesen Augenblick benützte der oberste Häuptling, um an den besiegten Kommandanten einige Worte zu richten.

Er selber beugte sich nieder und löste die Schlingen, mit denen Etheringtons Füße gebunden waren.

Zwei Kriegern gebot er, den Offizier aufzurichten.

«Bruder», sagte er mit dunkler Stimme zu Etherington, «du bist mit den Chippewa immer gut gewesen. Du magst dich fragen, weshalb wir deine Güte auf solche Weise vergelten. Ich will es dir sagen: Heute haben sich alle Indianer in diesem Land gegen die Agalaschima erhoben. Eure festen Häuser werden gestürmt, die Soldaten getötet. Die Rotröcke, so befahl es der große Pontiac und so ist es unser Wille, müssen vertrieben werden — und sie werden vertrieben aus diesem Lande, das nicht ihnen gehört. Darum brennt Fort Mackinaw!

Aber du bist immer gut zu uns gewesen. Wir betrachten dich und deine Soldaten als unsere Brüder. Deshalb haben wir uns überlegt, wie wir eure Leben schonen könnten.

Wir sind glücklich, daß uns das gelungen ist.

Nur wenige sind gefallen. Wir haben sie nicht skalpiert.

Euch wird kein Leid geschehen. Einige meiner Krieger werden euch nach Detroit führen.

Das wollte ich dir sagen.»

IX.

Der grausame Giangwatha «Der im Rauche geht» eilte mit seinen Seneca von Norden her tötend und raubend gegen Fort Pitt.

Aus dem Süden zog sich hinter den finsteren, blutdurstigen Tuscarora eine breite Spur aus Blut und Brand dem Ohio entlang.

Die unversöhnlichen und stets mißtrauischen Schawano folgten ihrem gewaltigen Häuptling Cornstalk auf den «unreinen Pfad» gegen die Agalaschima und mit ihnen vereinigten sich die sonst so hochgesinnten Lenapen unter ihren Häuptlingen Weindohela, Schildkrötenherz, Shingas und König Biber.

Frühere Todfeinde, wie die Wyandot und die Onondaga, die Ottawa und die Oneida, die Chippewa und die Cayuga — insgesamt über fünfundzwanzig indianische Nationen — hatten sich unter dem Einfluß und unter der obersten Führung des großen Pontiac in eine Front zusammengeschlossen und das Kriegsbeil gegen die Engländer ausgegraben.

Wehe dem Siedler, der einsam und abgeschieden von aller Welt in seiner Blockhütte hauste und wehe dem Flecken oder dem Dorfe, die unbewehrt und ungeschützt für jedermann zugänglich waren.

Sie verschwanden im roten Strudel und von ihrem

Schicksal kündeten nur rußgeschwärzte Ruinen, zerstampfte Äcker, getötetes Vieh und die skalpierten Leichen.

*

In der Schenke zu Smithstown saßen sie zusammen, die ehrenwerten Männer und verhandelten die jüngsten Nachrichten, die recht bedrohlich lauteten.

Sam Pierce, der Wirt, hatte sich unter seine Gäste gesetzt und überließ es der Frau, dafür besorgt zu sein, daß die Becher nie völlig geleert wurden.

Richter Hopkins hatte von einem Überfall auf eine benachbarte Siedlung gehört und Zebulon Rawlins, der seinerzeit in General Braddocks unglücklichem Feldzug gegen die Indianer, im Jahre 1755, wohl den Skalp gerettet, aber dafür ein Bein verloren hatte, wußte aus sicherer Quelle, daß die jungen Männer demnächst einberufen würden.

Sam Pierce, der seinem Rum schon mehr zugesprochen hatte, als er vertragen mochte, hieb plötzlich die Faust auf den Tisch, daß die Becher tanzten.

«Zum Teufel mit euren blöden Reden!» schrie er. «Angsthasen seid ihr alle! Sitzt hier und jammert wie alte Weiber. Vor was fürchtet ihr euch denn? Etwa vor den Indianern?»

Er lachte schallend.

«Die werden uns nichts tun, das sage ich euch, so wahr ich Sam Pierce heiße!»

Er setzte seinen Becher an und leerte ihn bis auf die Neige.

Schon wollte er wieder nach dem bauchigen Steinkrug greifen um nachzufüllen, da legte ihm Richter Hopkins die Hand auf den Arm.

«Seit wann denn, Sam, glaubst du, daß die Indianer friedlich bleiben?»

Er faßte den Wirt scharf ins Auge.

Pierce rülpste und spuckte auf den sandbestreuten Bretterboden.

Er sah nicht die warnenden Blicke seiner Frau, die besorgt und wütend zugleich, ihren betrunkenen Gatten beobachtete.

«Seit ich mit Jean Martineau ein paar Besuche in ihren Dörfern gemacht habe, Ehrwürden», prahlte Pierce und lehnte sich zurück.

«Aha, du hast die Indianer besucht», höhnte Rawlins grimmig, «in Begleitung dieses lausigen Franzosen, dem ich schon längst den Hals umdrehen möchte. Und immer mit dem Fuhrwagen und mit zwei Pferden! Tage- und wochenlang hat man dich in Smithstown nicht gesehen. Muß schon sagen, du bist ein dicker Freund von diesen rothäutigen Banditen geworden!»

Schwankend, zornrot im Gesicht, erhob sich Pierce.

«Euch bin ich keine Rechenschaft schuldig, Gentlemen», lallte er, «Martineau ist ein Ehrenmann. Er hat mich stets gut und pünktlich bezahlt!»

«Sam!» schrillte seine Frau von der Theke her.

Aber auch der kräftige Richter Hopkins hatte sich erhoben.

Mit einem Griff drückte er den Wirt wieder auf den Stuhl. In seinem furchigen Gesicht wetterleuchtete es.

«Du sprichst von Bezahlung, Mann», sagte er gedehnt, aber unüberhörbar war die Schärfe in seiner Stimme, «für was hat dich denn Martineau bezahlt? Du hast doch nur Besuche gemacht, sagtest du, weshalb denn, hast du dich bezahlen lassen?»

Mit blutunterlaufenen Augen starrte der in die Enge getriebene Sam auf den Richter.

Dann huschte sein unsicher gewordener Blick von Mann zu Mann und in jedem Gesicht sah er nur Verachtung und abweisende Härte.

Zuletzt blieb er auf seiner Frau haften.

Wut und Furcht hatten ihre eingefallenen Wangen mit roten Flecken bedeckt.

Ihre Augen sprühten Blitze, ihre mageren Hände öffneten und schlossen sich — sie hätte ihren Mann seiner unbedachten Rede wegen erwürgen können.

«Sam scheint die Sprache verloren zu haben», spottete einer und Rawlins fügte hinzu: «Wer mit Martineau sich zusammentut, ist ein Verräter, Gentlemen. Unser sauberer Wirt gehört in Eisen gelegt.»

Zustimmendes Gemurmel antwortete ihm.

Richter Hopkins gebot Ruhe.

«Ich habe dich gefragt, Pierce, weshalb du von Martineau Geld angenommen hast?»

Da giftete einer mit flammend rotem Bart: «Die beiden werden den Indianern Waffen geliefert haben!»

Jetzt wich jede Farbe aus dem Gesicht der Frau.

Den Steinkrug, gefüllt mit Rum, den sie eben an den Tisch bringen wollte, entfiel ihren Händen und zerschellte klirrend auf dem Boden.

Bestürzt schaute Sam auf sein Weib.

Plötzlich schien er völlig nüchtern zu sein.

Schwer atmend wandte er sich an den Richter.

«Das ist keine Gerichtsverhandlung, Ehrwürden», protestierte er, «Ihr habt kein Recht, mich auszufragen.»

Da zeigte Hopkins auf die Männer.

«Die Gentlemen sind Zeugen, daß Ihr schweren Verdacht auf Euch geladen habt, Pierce. Wer in dieser Zeit gemeinsam mit einem Franzosen die Indianer besucht, macht sich der Verräterei schuldig. Ihr selber habt von Bezahlung gesprochen und die vorhin gefallene Bemerkung von den Waffenlieferungen ist von Euch ohne Widerspruch geblieben. Gewiß, ich bin nicht befugt, jetzt über Euch Gericht zu halten. Das muß seinen ordentlichen Weg gehen da habt Ihr recht, Pierce. Aber die Verdachtsgründe reichen aus, um gegen Euch Klage zu erheben — Ihr seid verhaftet! Packt ihn, Bürger!»

Richter Hopkins hatte das vertrauliche Du fallen gelassen.

Auf seine Aufforderung hin umringten die Männer den so schwer Angeschuldigten.

«Wozu noch eine Gerichtsverhandlung, Ehrwürden»,

schrie Rawlins, «holt einen Strick und zieht den Lumpen am nächsten Baum empor . . .»

Aber Hopkins schüttelte den Kopf.

«Wir unterstehen den Gesetzen Seiner Majestät des Königs», sagte er würdevoll, «führt den Mann ins Gefängnis. Ich werde die Anklageschrift aufsetzen und gegen Pierce eine amtliche Gerichtsverhandlung beantragen, wie es Brauch und rechtens ist, Gentlemen.»

Streng schaute er auf den totenbleich gewordenen Wirt.

«Bei Gott, Pierce, wenn das wahr ist, was ich vermute, dann werde ich selber mit an jenem Strick ziehen, mit dem Ihr gehängt werdet.»

Da stürzte sich die Frau mit gellendem Aufschrei zwischen die Männer. Ungestüm warf sie sich ihrem Manne um den Hals.

«Sam ist unschuldig!» kreischte sie.

Tränen flossen aus wimpernlosen Augen, strähniges Haar klebte in ihrem nassen Gesicht.

«Sam ist unschuldig! Ihr könnt ihn nicht ins Gefängnis werfen. Ihr dürft ihn nicht töten!»

Zebulon Rawlins schob die Frau unwirsch beiseite.

«He, Ann, beruhige dich», sagte er, «sei froh, daß wir dich von diesem Nichtsnutz erlösen.»

Widerstandslos ließ sich der Wirt abführen.

*

Doch nicht im Ermessen der Menschen liegt es, für die Zukunft zu bestimmen.

Sam Pierce saß dumpf vor sich hin brütend im finsteren Verließ.

Richter Hopkins setzte an seinem Schreibtisch mit kratzendem Gänsekiel die Anklageschrift auf, die er am andern Tag durch einen reitenden Boten nach dem Hauptort zu befördern gedachte.

Zebulon Rawlins und seine Freunde saßen wiederum in der Schenke und sprachen über Sam Pierce, über die Indianer, über die Ernte und was derlei Männergespräche mehr sind.

Ann Pierce stand mit steinernem Gesicht hinter der Theke und lauschte den stets lauter werdenden Reden ihrer Gäste.

Es ging gegen Abend.

Aus den Kaminen der Häuser von Smithstown stieg blauer Rauch kräuselnd gegen den goldfarbenen Himmel.

In den Küchen werkten die Mütter mit ihren Töchtern, um das Abendbrot zu bereiten.

Junge Männer kehrten von den Feldern zurück und trieben die schwerfälligen Ochsen mit jauchzenden Rufen zu schnellerem Gang.

In der Kirche zündete Reverend Ab Jones eine Kerze an, damit er die Worte der Heiligen Schrift besser lesen konnte.

Morgen war Sonntag und er bereitete sich für die Predigt vor.

Hinter Richter Hopkins Haus tollte eine Schar Kinder in übermütigem Spiel.

Es war der Knabe Nathaniel Whist, der die heranstürmenden Tuscarora zuerst entdeckte.

Das Haus seines Vaters war am nächsten zum Wald.

Die Mutter hatte den Zwölfjährigen geheißen, die noch im Garten herumstreunenden Hühner in den Hof zu treiben und nach frisch gelegten Eiern zu suchen.

Die ersten der scheußlich bemalten Indianer waren kaum zwanzig Schritte von ihm entfernt, als er, zuerst starr vor Schreck und Entsetzen, den Warnungsschrei ausstieß.

«Indianer!»

Spitz, gellend, durchstach der Alarmruf die friedlichen Feierabendgeräusche.

Es war zugleich der Todesruf Nathaniels.

Der vorderste Krieger hatte noch im eleganten, leichtfüßigen Sprung über den meterhohen Gartenzaun den Tomahawk geworfen.

Mit gespaltenem Schädel stürzte Whists einziger Sohn mitten in ein Beet blühender Tulpen.

Eine halbe Stunde später war Smithstown ein Flammenmeer.

Von seinen Bewohnern lebte niemand mehr.

Streitaxt, Keule und Messer hatten weder Mensch noch Tier verschont.

Richter Hopkins lag blutüberströmt neben seinem Schreibtisch und von der lichterloh brennenden Diele fielen bereits die ersten Funken auf die unvollendete Anklageschrift.

Zebulon Rawlins und seine Zechkumpane lagen entseelt und skalpiert auf dem sandbestreuten Boden der Schenke.

Ann Pierce kniete neben der Theke, ihre mageren Arme umfaßten einen dickbauchigen Steinkrug, als hätte sie ihn gegen die indianischen Eindringlinge schützen wollen.

In ihrem Rücken steckte ein Pfeil.

Leblos lag Reverend Ab Jones auf den Fliesen. Knisternd stiegen die Flammen am Gebälk der Kirche empor.

Die eben noch das Abendbrot bereitenden Frauen und Mädchen hatten den Tod empfangen, wie ihre Männer, wie die Söhne, wie die Brüder und Schwestern, wie alt sie auch sein mochten und was sie gerade taten.

Tuscarora schonten kein Leben, kannten keine Gnade, empfanden kein Mitleid.

Höchstens, daß sie Gefangene machten, um sie nach der Heimkehr in die Dörfer, am Marterpfahl unter unvorstellbaren Qualen hinzumorden.

Aber Smithstown stand nicht am Ende, sondern am Anfang des Kriegspfades.

Als letzter war Sam Pierce gestorben.

Er hatte das Schreien und das Geheul gehört und den ungewohnten Aufruhr richtig gedeutet.

Zwischen Hoffen und Bangen schwankte er hin und her.

Vielleicht war Jean Martineau mit dabei und würde ihn befreien.

Da schmeckte er den Rauch.

Er hörte das Prasseln der Flammen. Er spürte die Hitze.

Sam Pierce sank in die Knie und begann mit zuckenden Lippen zu beten.

Noch einmal, bevor sie abzogen, streiften die Tuscarora durch das brennende Dorf, scharf aufpassend, ob da irgendwo noch ein lebendes Wesen war, das ihnen entgangen sein könnte.

Sie erblickten die schwere, mit Ketten gesicherte Bohlentüre zum Gefängnis.

Als Sam Pierce die schweren Schläge hörte, mit denen die Indianer die Türe zu seinem Verließ bearbeiteten, wußte er, daß ein Höherer als Richter Hopkins sein Todesurteil gesprochen hatte.

*

John Seales war ein Siedler.

Mit seiner Frau und vier Kindern, zwei Töchtern und zwei Söhnen, alle zwischen drei und zwölf Jahren, bewohnte er ein selbstgebautes Blockhaus auf einer selbstgerodeten Lichtung in der Nähe des Kanawha.

Er hatte in den zwei Jahren, seit er mit seiner Familie und dem gesamten kärglichen Hausrat und mit zwei Kühen, einigen Schweinen und Hühnern, in die Wildnis gezogen war, tüchtig gearbeitet und an seiner einst hübschen, nun aber frühzeitig gealterten Frau und an den ältesten Kindern willkommene Helfer gehabt.

Als der erste Winter ins Land brach, war das Haus erstanden, die Lichtung gerodet, der Boden vom Wurzelwerk gesäubert und bereit zum Empfang der Samen.

Hunger hatte die Familie nie gelitten.

John Seales wußte mit der Büchse umzugehen und der Wald und der nahe Fluß boten genug, um eine einfache aber nahrhafte Kost auf den Tisch zu stellen und reichlich Vorräte anzulegen.

Nach der Schneeschmelze hatte John ausgesät. Mais und etwas Getreide.

Seine Frau hatte sich einen Gemüsegarten angelegt.

Die Arbeit trug Früchte. Die Natur spendete reichlichen Segen.

So überstanden sie auch den zweiten Winter ohne Harm und jetzt sproß und grünte es wieder auf John Seales' Siedlung.

Von Indianern hatten sie nie etwas gemerkt.

Und seit ihrem Wegzug im Osten hatten sie auch nie mehr einen Weißen zu Gesicht bekommen.

John Seales trug sich mit dem Gedanken, einmal flußaufwärts und einmal flußabwärts zu streifen, bis er zu einer Siedlung stoßen würde.

Für jede Reise hatte er eine Woche veranschlagt.

Er nannte das mit den Nachbarn Fühlung aufnehmen.

John Seales, seine Frau Liza und die Kinder Jim, Victor, Betty und die dreijährige Barbara, waren Siedler und

Grenzer und auf ihre Art sicher tapfere, mutige und anspruchslose, gottesfürchtige Menschen.

Ihre Heimat war der Wald, die Wildnis.

Ihr ständiger Begleiter die Gefahr.

Aber sie lebten nach einer genau festgelegten Ordnung.

Schon früh am Morgen, wenn sich über den Baumwipfeln im Osten der Himmel rötete, erhoben sich Vater und Mutter von ihrem einfachen Lager.

John melkte und besorgte die Kühe.

Liza bereitete das Frühstück.

Nicht viel später erschienen ungerufen die Kinder.

Sie wuschen sich, sommers und winters, bei schönem Wetter und bei Regen, draußen an der nahen Quelle.

Anschließend setzten sie sich gemeinsam an den Tisch.

John sprach das Gebet und dann stärkten sie sich tüchtig für den bevorstehenden Tag. Selbstgebackenes Brot, Milch, Honig, gerösteter Mais oder gesottener grüner Mais, bildeten die Frühstückstafel.

Wenn Vater nicht auf dem Acker beschäftigt war oder an Haus und Stall zu werken hatte, Holz schlug oder Geräte bastelte, dann zog er mit Jim und Victor wohl auf die Jagd.

Mutter hatte ebenfalls ein gerüttelt Maß an Pflichten zu erledigen. Nahm nicht der Garten sie in Anspruch, waren es dafür das Spinnrad oder die Küche oder der Speicher.

Abends setzten sie sich wieder gemeinsam an den Tisch,

Der Ahornsirup wird eingekocht. In der Zeit zwischen Winter und Frühling beginnt der Ahornbaum zu «bluten». Süßer Saft quillt aus den angeritzten Stämmen. Dann wartete den Indianerfrauen viele, aber angenehme Arbeit. In Rindenschalen wurde der kostbare Ahornsaft gesammelt, in große hölzerne Wannen geleert und über schwachem Feuer zu einem zähflüssigen, zuckersüßen Sirup eingedickt, der sich das ganze Jahr über ausgezeichnet hielt. Ahornsirup war die Süßspeise der Indianer und auch der Weißen und sie ist es heute noch. Der Ahornbaum aber ist schon längst zum Symbol Kanadas geworden.

Beschwörung der bösen Geister. Der Mann, Beschützer und Ernährer seiner Familie, ist krank geworden. Und als das Schlimmste befürchtet werden mußte, eilte die Frau zum Medizinmann. Wir sehen, wie er vor dem Kranken kniet, wie er die Rassel schwingt und geheimnisvolle Worte murmelt. Mit geschlossenen Augen lauscht der Kranke, teilnahmsvoll und von Angst und Hoffnung erfüllt, schaut die Frau auf ihren Gatten. Im Hintergrund helfen wundertätige Masken mit scheußlichen Fratzen die bösen Geister zu vertreiben. Aber der Medizinmann war nicht nur ein eitler Scharlatan. Er wußte um die Heilkraft der Pflanzen, und bevor er seine Beschwörung begann, hatte er mit sicherem Blick die Krankheit erkannt und die entsprechenden Mittel eingegeben. Bald wird der Mann gesunden und dann mit lauter Stimme den Medizinmann preisen.

stillten mit gesundem Appetit den Hunger und begaben sich frühzeitig und nachdem John noch ein Wort aus der Bibel vorgelesen hatte, auf ihre Schlafstätten.

Manchmal etwa pflegten Vater und Mutter noch etwas unter der Türe zu sitzen und dem vielstimmigen Chor jener Tiere zu lauschen, die erst bei hereinbrechender Nacht zu neuem Leben erwachten.

Das war schön und unheimlich zugleich und Liza war froh und glücklich, ihren starken John neben sich zu wissen.

Wenn der Vater bei ganz besonders guter Laune war, holte er seine Mundharmonika hervor und dann mischten sich in den klagenden Ruf der Käuzchen, in das Kollern der Truthähne, in das Mauzen eines streunenden Pumas und in das friedliche Rauschen des Waldes, die melodiösen Klänge einer lustigen Polka oder eines hübschen Liedes.

Liza summte mit und ihre Gedanken schweiften zurück in jene Zeit, da sie das schönste und begehrenswerteste Mädchen in Virginien gewesen war, da die jungen Männer um sie kämpften, stritten und warben und da sie ihr Herz dem großen und starken John Seales geschenkt hatte.

Und manchmal geschah es auch, daß sie vor Rührung eine Träne zerdrückte und den Arm ihres Gatten fester und zärtlicher an sich preßte, als es sonst üblich war.

O ja, sie hatten auch ihre schönen und stillen Stunden, die Grenzerfamilien in der einsamen Wildnis.

*

Im Juni des Jahres 1763 nahm das alles ein jähes Ende.

Sie saßen gemeinsam beim Frühstück, als John Seales sich mit einem Ruck aufrichtete, den Blick starr gegen die offene Tür gerichtet.

Erstaunt sah Liza auf ihren Mann, schaute dann zur Türe hinaus und drückte vor Schreck ihre Hände an die Brust.

Zuerst wollte sie schreien, aber mit einer Handbewegung gebot John Ruhe.

Draußen stand, vom Lichte der ersten Sonnenstrahlen überglänzt, ein Indianer.

Und hinter diesem einen stand eine ganze Horde. Alle schwer bewaffnet und phantastisch bemalt.

Ein unheimlicher, furchterregender Anblick.

«Einmal war ja damit zu rechnen», flüsterte John.

Er ließ keinen Blick von den ungebetenen, stummwartenden Indianern, als er sich langsam erhob.

«John!»

«Sei ruhig, Liza», sagte Seales, «kümmere dich um die Kinder. Sie sollen nicht weinen.»

«John, bleib bei uns! Gehe nicht hinaus. Sie werden dich töten!» flehte die Frau.

«Liza, ich werde sie fragen, was sie von uns wollen. Ich werde die Türe leicht zuziehen. Dann holst du sofort die Gewehre aus dem Rechen und stellst sie bereit. Du, Jim und Victor, ihr wißt Bescheid. Wir haben es oft geübt. Betet für mich!»

Die letzten Worte hatte er schon unter der Türe gesprochen. Dann stand er dem Indianer allein gegenüber, waffenlos.

Rasch schätzte er die Zahl der Horde ab.

Es mochten an die fünfzig sein.

In den Bäumen jubilierten die Vögel und begrüßten den neuen Tag.

Über den Blumen tanzten bereits die ersten Bienen. Hinter dem Haus gackerten die Hühner und im Koben grunzten die Schweine.

Alles atmete Friede, Vertrautheit, Geborgensein.

Und jetzt stand er allein den Indianern gegenüber. Es war, als ob ein kalter Hauch ihn umwehte.

Da legte der Häuptling die Flinte auf den Boden und trat einige Schritte näher.

Eine Grimasse — oder war es ein Lächeln? John wußte es nicht zu deuten — verzog das bemalte Gesicht zu einer furchterregenden Fratze.

Dann zeigte der Indianer auf sich und sein Baß erfüllte die Morgenstille.

«Mich Häuptling Weindohela! Lenape! Was du machen im Land der Indianer?»

So radebrechte der Indianer und die Grimasse wich nicht von seinem Gesicht.

«Ich grüße den großen Häuptling der Lenapen», antwortete John.

Er bemühte sich, seiner Stimme Festigkeit zu leihen.

Nur nicht den Mut verlieren, sprach er zu sich selber.

«Was du machen im Lande der Lenapen?» fragte der Häuptling zum zweitenmal.

«Ich lebe hier in Frieden. Die Erde hat Platz für dich und für mich.»

«Wer hat dir gegeben Erlaubnis zu leben im Lande der Lenapen?» bohrte der Häuptling unerbittlich.

John fühlte, wie der Schweiß aus ihm brach.

«Seit ich hier wohne, habe ich noch nie einen Indianer gesehen. Ihr seid die ersten.»

Weindohela wies auf sein Gesicht und auf seinen Oberkörper, dann zeigte er auf seine Krieger.

«Lenapen sind auf unreinem Pfad. Bald wird Krieg sein und viel Weinen wird man hören in den festen Häusern. Ich warne dich, Agalaschima. Du verlassen sofort diesen Platz. Kehre zurück nach Morgen, wo deine Brüder wohnen. Hier ist des Indianers Land.»

Er wandte sich um, hob das Gewehr vom Boden auf und schritt seinen Kriegern entgegen.

Im nächsten Augenblick waren die Indianer im Walde verschwunden.

Aufatmend lehnte sich John Seales an den Türpfosten.

«Liza! Sie sind weg!»

Ungestüm riß seine Frau die Türe auf.

«Gott sei Dank, du lebst!»

John und Liza Seales waren vernünftige Menschen. Sie nahmen die Worte Weindohelas ernst und so weh es ihnen tat und so schmerzlich es für sie war, sie packten ihren Hausrat zusammen, ließen Schweine und Hühner frei, nur die beiden Kühe nahmen sie mit und verließen den einsamen Flecken Erde, der ihnen zur Heimat geworden war.

John tröstete die weinenden Kinder.

«Vertrauen wir auf Gott», sagte er, «einmal werden wir wieder zurückkehren.»

X.

In Pennsylvanien, wo der Monongahela und der Alleghany zusammenfließen, erhebt sich Pittsburgh, das Zentrum der amerikanischen Schwerindustrie.

Dort glühen die Hochöfen Tag und Nacht, dort dröhnen die schweren Eisenhämmer und dort werden Stahl und Eisen in Maschinen umgeformt.

Vor mehr als zweihundert Jahren, als über jenem Gebiet noch die französische Oriflamme leuchtete, hieß der Platz Fort Duquesne.

Er war gut befestigt, besaß eine tüchtige und disziplinierte Besatzung, war ein Mittelpunkt der Mission und ein Umschlagposten für den Pelzhandel.

Mehrmals im Verlaufe der englisch-französischen Auseinandersetzungen, hatten die Agalaschima versucht, Fort Duquesne in ihre Gewalt zu bringen und mehrmals wurden sie von den vereinigten Franzosen und Indianern mit blutigen Köpfen heimgeschickt.

Im letzten und entscheidenden Kriege allerdings, hatten die Franzosen Fort Duquesne geräumt und niedergebrannt.

Kampflos fiel es den Engländern in die Hände und wurde von ihnen in Fort Pitt umbenannt.

Mit der Wiederinstandstellung der Befestigungsanlagen hatte es vorerst für die neuen Herren keine Eile.

Sie begnügten sich, die Wohnbaracken, die Speicher und die Verwaltungsgebäude neu aufzubauen und sie hatten die Absicht, Fort Pitt mit der Zeit zu einer richtigen Stadt umzuwandeln.

Da machte ihnen Pontiacs Aufstand einen dicken Strich durch diese Pläne.

Major Simon Ecuyer, ein Schweizer aus altem neuenburgischem Geschlecht, Freund und Kampfgefährte des Obersten Henri Bouquet aus Rolle am Genfersee, war Kommandant von Fort Pitt geworden.

Es unterstanden ihm dreihundertdreißig Mann Infanterie.

Schießbedarf war reichlich vorhanden.

Nur eben, die Befestigungsanlagen ließen sehr zu wünschen übrig.

Ecuyer hatte sich vorgenommen, Fort Pitt so rasch als möglich instand zu setzen.

Er traute dem Frieden nur halb.

Aber vorher mußten die reichlich disziplinlosen Truppen wieder an Zucht und Ordnung gewöhnt und auf volle Kampfkraft gebracht werden.

Denn, so sagte sich der kriegserfahrene Major, was nützen uns Geschütze und Brustwehren, wenn keine gut ausgebildeten und tapferen Soldaten dahinter stehen?

Mit den Indianern verstand sich der rauhbeinige Ecuyer nicht übel, für die skrupellosen weißen Händler hatte er nichts übrig.

Und da die Indianer ihre Trapperausbeute nach Fort

Pitt zu bringen und sie dort einzutauschen pflegten, wachte der Kommandant, daß die Lenapen, die Schawano und neuerdings auch die Irokesen, von den Weißen nicht übers Ohr gehauen wurden.

Das sicherte ihm die Freundschaft der Häuptlinge, die ihre Besuche auf Fort Pitt gerne benutzten, um mit dem kleinen, drahtigen, lederzähen, aber leider von Gicht geplagten Ecuyer eine Pfeife zu rauchen.

In letzter Zeit war dem Major aufgefallen, daß die Indianer ihre Pelze nur noch gegen Blei und Schießpulver eintauschen wollten und auf den üblichen Tand, der die Herzen ihrer Frauen so entzückte, ganz verzichteten.

Da die Söhne der Wildnis aber unentwegt freundlich blieben, sah er keinen Grund, diese Art Tauschgeschäft zu verbieten, um so mehr auch, als er über große Vorräte an Schießbedarf verfügte.

Immerhin, Ecuyer hielt Augen und Ohren offen und seine Sinne waren hellwach, wenn etwa ein Häuptling, wie das seit Beginn des Jahres 1763 öfters vorkam, dunkle Andeutungen über heraufziehende Gefahren machte.

Wieder einmal waren die Lenapen in großer Zahl auf Fort Pitt erschienen, an ihrer Spitze die Häuptlinge Schildkrötenherz, König Biber, Weindohela und Shingas.

Die Indianer handelten für ihre Jagdbeute dreihundert Pfund Schießpulver ein, aber eigenartigerweise verzichteten die Sachem diesmal auf den sonst üblichen Höflichkeitsbesuch beim Kommandanten.

Aber da geschah noch etwas Merkwürdiges.

Als die Nacht hereinbrach, waren die Indianer urplötzlich aus Fort Pitt verschwunden.

Nun wurde es Simon Ecuyer, dem man das seltsame Verhalten und das überraschende Verschwinden der Indianer mitgeteilt hatte, doch etwas schwül zu Mute.

«Diable! Was mag das wohl bedeuten?» fragte er seinen Adjutanten.

Er mußte sich nicht lange den Kopf zerbrechen.

Eine Stunde vor Mitternacht wurde eine Wampumschnur über die Palisadenwand geworfen.

Man brachte sie auf die Kommandantur und wenig später wußte Ecuyer, daß Fort Pitt auf das höchste bedroht war.

Die Häuptlinge hatten ihm in aller Form den Krieg erklärt.

*

Noch in der gleichen Nacht rötete sich der Himmel rings um die Festung: es brannten die Blockhäuser der Siedler und Jäger, die als erste der Angriffswut der Indianer zum Opfer gefallen waren.

Nach diesen schaurigen Flammenzeichen des beginnenden Krieges, begehrten im Laufe der folgenden Tage über zweihundert flüchtige Frauen und Kinder Schutz in Fort Pitt.

Ahnungslos vom Überfall der Indianer überrascht, hatten sie nur ihr nacktes Leben retten können.

Zu ihrem Glück waren die Irokesen erst im Anmarsch.

Diese nämlich hätten, im Gegensatz zu den Lenapen, auch Frauen und Kinder nicht geschont.

Um das Maß des Unglücks voll zu machen, erschienen zu Tode erschöpfte Boten im Fort, die auf Schleichwegen und unter Lebensgefahr sich zu Ecuyer durchgeschlagen hatten.

Was sie zu berichten hatten, klang wahrhaft entmutigend.

Fort Sandusky gefallen.

Fort Mackinaw verbrannt und zerstört.

Fort Quatanon am Wabash in Flammen aufgegangen. Die Besatzung massakriert und der Kommandant, Leutnant Jenkins, in Gefangenschaft geführt.

Fort Lebœuf gefallen, Fähnrich Price und seine Leute entkommen.

Fort Venango ein rauchender Trümmerhaufen. Schicksal der Besatzung unbekannt.

Fort Ligonier wurde von Leutnant Blane tapfer verteidigt. Zweimal hatten die Irokesen angegriffen und zweimal wurden sie zurückgeschlagen. Beim drittenmal gelang der Einbruch und die rasenden Indianer metzelten die gesamte Besatzung nieder.

Von Fort Detroit keine Nachrichten.

In den Wäldern um Fort Pitt wimmelte es von Indianern. Außer den Lenapen waren Schawano und Irokesen festgestellt worden.

Aber diese Fülle von Hiobsbotschaften entmutigte den tapferen Simon Ecuyer nicht.

Tag und Nacht sah man den Kommandanten, auf seinen Krückstock gestützt, befehlend, anordnend, organisierend.

Er stauchte die Kleinmütigen zusammen, packte die Verzagten an ihrem Ehrgefühl, stärkte den Mut und das Vertrauen und in fieberhafter Eile ließ er die vernachlässigten Brustwehren verstärken.

Er kannte die indianische Kriegführung und deshalb konstruierte er eigenhändig eine mobile Feuerspritze, um allfällig ausbrechende Brände sofort wirksam bekämpfen zu können.

Aber noch war kein Angriff erfolgt, noch blieb es um Fort Pitt unheimlich ruhig.

Angestrengt beobachteten die Wachen das Vorfeld, die Flüsse und die Waldränder.

Tag und Nacht blieben die Brustwehren besetzt.

Major Ecuyer war entschlossen, jedem Angriff erbitterten Widerstand zu leisten.

Doch die Indianer ließen sich Zeit.

Anscheinend erwarteten sie noch starken Zuzug.

Einige Zivilisten im Fort wurden der Geschichte bald überdrüssig.

Sie schimpften auf die von Ecuyer verfügte strenge Einteilung der Lebensmittel, damit die Vorräte möglichst lange ausreichten.

Sie wetterten gegen die unerbittliche Disziplin des vom Kommandanten verhängten Kriegsrechts.

Ecuyer ließ sich die beiden lautesten Schreier vorführen.

Stehend hörte er sich die Klagen und das Aufbegehren an.

Er war müde, die Anstrengungen der letzten Tage und Nächte waren nicht spurlos an ihm vorbeigegangen.

Überdies machte ihm die Gicht wieder schwer zu schaffen.

Aber seine Energie war ungebrochen, und er war unter allen Umständen gewillt, sich durchzusetzen.

Als die beiden geendet hatten, trat er nahe an sie heran.

Mit blitzenden Augen musterte er die Rebellen.

«Ah, ihr habt also kein Vertrauen in mich. Ihr sagt, daß ich euch schikaniere. Ihr lacht über die Gefahr, in der wir alle schweben. Bon, ich halte euch nicht auf. Wer sich nicht unterordnen will, mag ruhig gehen. Ihr wollt einen Hirsch schießen. Wohl bekomm's. Ihr sollt euren Willen haben.»

Er wandte sich an den Adjutanten

«Laßt das Tor öffnen, mon ami. Die beiden da haben Lust auf einen Jagdzug. Gut, habe nichts dagegen einzuwenden. Aber ich möchte, daß jedermann auf Fort Pitt erfährt, daß Major Ecuyer sich nicht weigert, die Erlaubnis zu geben, wenn jemand die Festung zu verlassen wünscht. Falls aber ein Unglück geschehen sollte, würde ich es ablehnen, mit meinen Soldaten zu Hilfe zu eilen.»

Da wurden die beiden Männer doch unsicher und plötzlich schien ihnen die Lust auf eine Pirsch vergangen zu sein.

Sie begannen zu stottern, sagten etwas von nochmals überlegen und wollten sich klein und häßlich verziehen.

Aber sie hatten die Rechnung ohne Ecuyer gemacht.

«Ah, ihr wollt nicht! Habt euch eines anderen besonnen?» spottete er mit ätzender Schärfe.

«Hört, mes amis, in diesem Falle besinne auch ich mich anders. Entweder zieht ihr beiden sofort den Rock des Königs an und tretet unter meinen Befehl oder ich lasse euch hinter Schloß und Riegel setzen!»

Der Major hatte zwei neue Soldaten gewonnen!

Ächzend legte er sich auf das Sofa, dem einzigen Prunkstück in der mönchisch ausgestatteten Stube.

Die Gliedersucht bereitete ihm höllische Schmerzen.

Wenn ich diesen Krieg heil überstehe, so überlegte er sich, werde ich den Abschied nehmen und irgendwo an einem sonnigen Platz ein Häuschen bauen.

Vielleicht in Virginien?

Ah non, er würde zurückfahren über das Große Wasser, nach Neuchâtel, nach Neuenburg.

Dort war seine Heimat, auf diesem gottgesegneten Landstrich, wo die blauen Ketten des Juras nach Westen den Horizont beschlossen und wo zu Füßen der Stadt die weite Fläche des Sees im Sonnenglanz flimmerte.

Dort wollte er seinen Lebensabend verbringen, im Gespräch mit seinen Landsleuten, vor sich auf dem Tisch ein Glas gefüllt mit weißem Neuenburgerwein — ach, wie lechzte er jetzt nach einem solchen Tropfen!

Jäh wurde er aus seinen Gedanken aufgeschreckt.

Von draußen her tönten laute Rufe in die Stube und schon klopfte es an die Türe.

«Entrez!»

Es war der Adjutant.

«Häuptlinge stehen vor dem Tor, Sir. Anscheinend wünschen sie mit Ihnen zu unterhandeln.»

«Ich komme sofort!»

Er zog die rote, goldbetreßte Paradeuniform an. Schließlich mußte er den Häuptlingen imponieren.

Trotz seiner Schmerzen stahl sich ein Lächeln auf die Lippen, denn auf den Prunk der Uniform hatte Ecuyer — zum Verdruß seiner Vorgesetzten — nie großen Wert gelegt.

Proper mußte man angezogen sein, gewiß, das verlangte er auch von seinen Untergebenen.

Aber diese scharlachroten Röcke und diese blütenweißen Hosen waren ihm immer ein Greuel gewesen und darin zu kämpfen, mon Dieu, man bot auch für den unbeholfensten Indianer ein prächtiges, kaum zu verfehlendes Ziel.

Er stülpte sich die Perücke über die schon etwas angegrauten und gelichteten Haare, setzte den schwarzen Dreispitz auf, gürtete sich den Degen um, noch rasch einen Blick in den Spiegel — diesmal hätte Sir Jeffry Amherst an ihm Freude gehabt!

Dann schritt er, gefolgt von seinen Offizieren, hinunter zum Tor.

Etwas mühsam kletterte er auf die Brustwehr hinauf und jetzt sah er die vier Häuptlinge der Lenapen, mit denen er so oft die Pfeife geraucht hatte.

Schildkrötenherz war ihr Sprecher.

«Bruder befehligender Offizier», redete der groß gewachsene Häuptling den Kommandanten an, «alle eure festen Plätze im Lande, von den Bergen im Morgen bis zu den großen Wassern im Abend, sind genommen, niedergebrannt und in unserer Gewalt.

Dein Fort ist das letzte und einzige, das ihr noch innehabt.

Höre: sechs indianische Nationen, die dich angreifen wollten, haben wir hingehalten und zum Aufschub überredet, bis du freiwillig abgezogen sein würdest. Dir und deinen Leuten soll kein Leid widerfahren.

Geht in Sicherheit heim nach euren Städten. Aber das muß sofort geschehen, denn Tausende von Brüdern sind im Anmarsch und von heute in zwei Tagen können wir nichts mehr für dich tun.»

Parbleu, das war starker Tabak!

Wenn auch nur die Hälfte von dem der Wahrheit entsprach, was Schildkrötenherz behauptete, dann standen für Fort Pitt schwere Tage bevor.

Aber Ecuyer ließ sich nicht so schnell ins Bockshorn jagen.

«Brüder», antwortete er auf die wohl gesetzte Rede

des Häuptlings, «die Sonne ist nicht oft auf- und niedergegangen, seit wir zum letztenmal gemeinsam die Pfeife geraucht haben. Wir haben uns immer gut verstanden und ich habe euch als meine Freunde behandelt.

Deshalb schmerzt es mich, euch nun vor dem Tore zu sehen, mit den Farben des Krieges im Gesicht. Was habe ich euch zuleide getan? Habe ich euch nicht immer herzlich willkommen geheißen? Habe ich euch nicht ehrlich und gut bezahlt für das, was ihr mir von eurer Beute gebracht habt?

Weshalb, Brüder, darf diese Freundschaft nicht mehr weiter dauern?

Ihr ratet mir, Fort Pitt zu verlassen, aber ihr wißt ganz genau, daß ich das nicht tun werde und nicht tun kann.

Ich fürchte eure Macht nicht. Wir sind guten Mutes, denn ich habe Botschaft erhalten, daß drei mächtige englische Heere unterwegs sind, um Fort Pitt zu entsetzen und um euch zu bestrafen.

Noch ist es Zeit, das Kriegsbeil, das ihr mutwillig und ohne Grund ergriffen habt, wieder zu begraben. Kehrt zurück in eure Dörfer. Wascht die Farben des Krieges von euren Gesichtern, und ihr werdet mir als Freunde auf Fort Pitt immer willkommen sein.»

Die vier Häuptlinge berieten sich kurz.

Dann trat Schildkrötenherz wieder vor und sagte:

«Mein Herz blutet, wenn ich deiner Rede lausche, Bruder befehligender Offizier. Du scheinst die Gefahr nicht zu ermessen, in der du und die deinen schweben.

Überfall auf ein einsames Gehöft. Sie hatten sich einem harten und gefährlichen Leben verschrieben, die nordamerikanischen Siedler jener Zeit. Sie waren Bauern und Jäger zugleich, und ihre einsamen Gehöfte lagen oft tageweit voneinander entfernt. Und gab es dann Krieg mit den Indianern, den rechtmäßigen Besitzern des Landes, dann hatten die Männer und Frauen an der Grenze die ersten Angriffe abzuwehren und die ersten Opfer zu bringen. Glücklich die Familie, die mit dem Verlust der Habe davonkam und nur das nackte Leben retten konnte. Als Pontiac seinen Krieg gegen die Engländer begann, sanken Hunderte von Siedlungen in Schutt und Asche, und Hunderte von Männern, Frauen und Kindern verloren ihr Leben oder wurden in Gefangenschaft geführt.

Bei fröhlichem Spiel. Auch die Indianer kannten ihre häuslichen Spiele, und viele davon waren ähnlich jenen, die zur Abwechslung auch uns erfreuen: Würfelspiele aller Art, Glücksspiele und Denkspiele, bei denen es darum ging, den Partner mit geschickten Zügen auszumanövrieren. Hier ist zweifellos ein Glücksspiel im Gange. Es gab unter den Indianern oft solche, die waren dem Spiel derart verfallen, daß sie manchmal ihre ganze Habe einsetzten – und verloren! Genau wie heute noch beim weißen Manne.

Zwei Tage noch hast du Zeit, unser Angebot anzunehmen. Nachher werden wir dir nicht mehr helfen können.»

Doch der alte Haudegen aus der Schweiz schüttelte den Kopf. Es gab für ihn nichts mehr zu antworten.

Enttäuscht wandten sich die Indianer ab und schritten zurück in den Wald.

Leise pfiff Ecuyer durch die Zähne.

«Messieurs, nützen wir die Frist. Bald wird hier niemand mehr des Lebens froh sein.»

Übrigens, Ecuyers Hinweis auf die drei Armeen, welche Fort Pitt entsetzen sollten, war nicht aus der Luft gegriffen.

Vor kurzem noch war es einem Kundschafter gelungen, sich in die Festung durchzuschlagen und er hatte von Oberst Bouquet diese Nachricht mitgebracht.

Doch, mochte höheren Orts diese Absicht wohl bestehen — mit der Durchführung hatte es noch eine Weile.

Sei es, daß die obersten Zivilbehörden der amerikanischen Kolonien, also die Gouverneure, die Gefahr zu gering einschätzten oder sei es, daß sie aus Knauserigkeit das notwendige Geld für die Ausrüstung und Besoldung der Truppen nicht bereitstellen wollten — jedenfalls war noch rein nichts vorbereitet.

Davon wußte Ecuyer zu seinem Glück nichts.

Er wußte auch nichts von den harten Zusammenstößen zwischen Oberst Henri Bouquet und dem Oberkommandierenden Sir Amherst, der sich die Auffassung der

Gouverneure zu eigen gemacht und geprahlt hatte, seine Truppen würden aus den Forts zu Gegenschlägen ausholen und die Indianer vernichten.

Bouquet brannte es auf den Fingernägeln, seinem Kameraden in Fort Pitt zu Hilfe zu eilen, aber seine Bitten und seine Forderungen fanden bei dem sturen Amherst kein Gehör — zumindest vorläufig nicht.

Denn nach Ablauf der zwei Tage, mußte Simon Ecuyer und mußte jeder Mann und jede Frau in Fort Pitt allen Mut zusammennehmen und sich an jedes Quentchen Zuversicht klammern, um in der von den Indianern entfesselten Hölle zu bestehen.

Angriff um Angriff wurde aus den dunklen Wäldern gegen das Fort getragen — und abgeschlagen!

Ganze Schauer von Brandpfeilen rauschten über die Festung herab und während die Männer kämpften, hatten die Frauen alle Hände voll zu tun, um die vielfachen Brände zu löschen.

Ecuyers Feuerspritze leistete unschätzbare Dienste.

Und in den heißen Nächten ertönten rings um die Festungswälle die hohlen Kriegsgesänge der Indianer, ertönte dumpfer Trommelschlag und gellten die Flöten.

Eine dicht geschlossene Kette von Lagerfeuern brannte, den Eingeschlossenen anzeigend, daß ein Entweichen nicht mehr möglich war.

Und im Flammenschein huschten die schwarzen Schatten der tanzenden Krieger — ein unheimliches, bedrückendes, entmutigendes Bild.

Als die Gefahr am höchsten schien, wurde Ecuyer wiederum zum Tor gerufen.

Häuptlinge wünschten ihn zu sprechen.

Diesmal verzichtete er auf das Anziehen der Paradeuniform.

Rußgeschwärzt, mit zerfetzten Kleidern, ohne Perükke, zeigte er sich den Indianern.

Wiederum war Schildkrötenherz ihr Wortführer.

«Bruder befehligender Offizier», sagte er, «du hast uns letztesmal wissen lassen, daß du diesen Platz unter keinen Umständen räumen willst.

Wir verstehen das nicht. Ihr habt doch selber Städte und Dörfer. Ihr wißt doch ganz genau, daß dieses Land hier rechtens das unsrige ist, daß eure Gegenwart allen indianischen Völkern ein Dorn im Auge sein muß.

Ihr Agalaschima selbst seid das Volk, das die Ketten der menschlichen Freundschaft zerrissen hat. Euer ist die Schuld an allem, was geschehen ist. Die Nationen von den Seen sind unterwegs, hier zum Beweis der Wampum. Kehrt ihr heim zu den Männern eurer Farbe, so gehen auch wir nicht weiter als bis hierher. Wo nicht, seht zu, wie ihr die Folgen tragt.

Bruder, sei vernünftig. In deine Hand ist die Entscheidung über Leben oder Tod in Fort Pitt gelegt. Wir wollen nichts als unser Recht, unser Land und den Ohio!»

Mühsam richtete Ecuyer sich auf. Aber seine Stimme klang fest und ungebrochen.

«Brüder, ich kann euer Angebot nicht annehmen.

Mein Befehl bindet mich an Fort Pitt und diesen Platz werde ich nie freiwillig verlassen. Nehmt euch selber in acht, Brüder. Hilfe für uns ist nahe. Wir haben genug Proviant und genug Wasser, um den Durst zu löschen und die Brände zu bekämpfen. Wir haben genug Gewehre und Kanonen und Blei und Kugeln reichen aus, um euch alle zu töten.»

Nun setzten die Indianer alles auf eine Karte!

XI.

Heute ist Detroit eine amerikanische Millionenstadt — die Stadt der Automobile.

Ihr Symbol ist das gummibereifte, geflügelte Rad.

Weltbekannte Autofabriken haben sich in der Stadt am Detroit River, zwischen dem kleinen See St. Clair und dem weiten Erie See, niedergelassen.

Eine der berühmtesten Automarken heißt «Pontiac».

Aber wieviele Einwohner Detroits und wieviele Pontiac-Fahrer wissen um die Geschichte, die sich um diesen Markennamen webt?

Wer von ihnen weiß, was Pontiac bedeutet?

Wer Pontiac war?

In jener Zeit, als Pontiac die indianischen Völker gegen die Engländer führte, war Detroit ein kleiner Flekken, aber das bedeutendste Fort an der Grenze zwischen Weiß und Rot.

Zwei Kilometer flußaufwärts und die gleiche Länge flußabwärts, beherrschten seine Wehrtürme das Gelände.

Ein dicht gefügter, hölzerner Palisadenwall umfriedete im Geviert rund neun Hektar Fläche.

Darin befanden sich die Kasernen, die Kommandantur, viele Magazine und etwa hundert, von Händlern bewohnte Blockhäuser.

Rund zwölfhundert Menschen lebten in Detroit, eingeschlossen die Garnison von acht Offizieren und hundertzwanzig Mann, dem 80. englischen Infanterie-Regiment zugehörig.

Befehlshaber war Major Gladwyn, in seinem Gehaben ein echter Engländer, in seinem Herzen ein anständiger Mensch.

Die Bestückung des Forts betrug zwei Sechspfünder, einen Dreipfünder und drei Mörser.

Auf dem Flusse ankerten drei armierte Schaluppen.

Südlich von Fort Detroit hatten Potowatomie ein Dorf gebaut, südöstlich lagerten Wyandot und in nördlicher Richtung wohnten die Ottawa unter Häuptling Pontiac.

Detroit und seine Umgebung waren bis zum Eintreffen der Engländer französisches Herzland in Amerika gewesen und auch nachher noch bebauten in der Nähe des Forts französische Siedler den fruchtbaren Boden.

Unter allen englischen Forts war Detroit das wichtigste.

Deshalb hatte Pontiac für sich in Anspruch genommen, diese Festung zu erobern.

*

Major Gladwyn pflegte mit den benachbarten Indianern ein gutes Verhältnis.

Die Häuptlinge, eingeschlossen Pontiac, waren oft bei ihm auf Besuch, und sie kamen auch dann noch, als der Aufstand längst beschlossene Sache war.

Wohl waren Gladwyn in letzter Zeit etwa Gerüchte

über einen bevorstehenden Krieg, über Unzufriedenheit unter den Indianern und dergleichen mehr, zu Ohren gekommen.

Aber er nahm sie nicht ernst, schenkte diesem «Geschwätz» keinen Glauben.

Und wenn er etwa einen auf Besuch weilenden Häuptling vorsichtig ausfragte, tat dieser erstaunt und empört.

«Die Agalaschima sind unsere Freunde geworden, wie früher die Mehtikosche. Wir sehen keinen Grund, gegen sie das Kriegsbeil zu erheben.»

Dann war Gladwyn wieder beruhigt.

Er war übrigens ein stattlicher Mann, von hübschem Aussehen, der seinen Eindruck auf die junge Weiblichkeit nicht verfehlte.

Er wußte das und er nützte es auch weidlich aus.

Besonderen Gefallen fand er an den oft bildschönen und adretten jungen Indianerinnen, die er mit allem Charme umwarb, dessen er fähig war.

Das wiederum erregte oft den Zorn der englischen Händler, Krämer und Schankwirte, die es dem Offizier nie verzeihen konnten, daß er Indianerinnen ihren eigenen Töchtern vorzog.

Aber Gladwyn fand nun einmal keinen Gefallen an grobknochigen und ungepflegten Mädchen, auch wenn sie weißer Hautfarbe waren.

Mochten sich seine Soldaten mit ihnen vergnügen.

Er war in solchen Dingen wählerischer und vor allem kannte er keinen Rassenstolz.

Man hatte ihn in jüngster Zeit oft mit einer Chippewa-indianerin gesehen, die sich durch ganz besondere Schönheit auszeichnete.

Eine echte Tochter der Wildnis, schlank und rank und wohlgebaut.

Ihr braunes, edel geformtes Gesicht mit den langen schwarzen Zöpfen, stach vorteilhaft ab von ihrer weißen und reich geschmückten Hirschleder-Bekleidung.

Ein kostbar besticktes Band zierte ihre Stirne und an den Füßen trug sie selbstverfertigte Mokassins, die auch Gladwyn gar ausnehmend entzückend gefunden hatte.

Er bat die «Blume der Wildnis» mit artigen Worten, ihm doch ebenfalls ein solches Paar anzufertigen und zu seiner Freude schlug das Mädchen diese Bitte nicht ab.

*

Der Major saß an seinem Schreibtisch und arbeitete einige Akten durch.

Aber seine Sinne und Gedanken beschäftigten sich nicht mit den Papierstößen, die da vor ihm auf der Tischplatte aufgestapelt waren.

Er freute sich darauf, daß er am Nachmittag, wie vereinbart, das hübsche Chippewamädchen treffen durfte, welches ihm die bestellten Mokassins bringen wollte.

Es klopfte an die Türe.

Herein trat die Wache, begleitet von einem Indianer.

«Na, was gibt's denn?» fragte Gladwyn etwas ungehalten, er ließ sich nicht gerne in seinem Gedankenfluge unterbrechen.

«Der Bursche besteht darauf, Ihnen eine Botschaft persönlich ausrichten zu müssen», murrte der Soldat.

Sofort gab Gladwyn sich leutselig.

Mit gewinnendem Lächeln forderte er den jungen Krieger zum Sprechen auf.

«Mich schickt Pontiac. Er und andere Häuptlinge möchten mit dir die Pfeife rauchen. Pontiac wünscht noch mehr Freundschaft mit den Agalaschima. Darüber will er mit dir sprechen.»

Erfreut nickte der Major.

«Richte dem großen Pontiac aus, daß sein Besuch für mich eine Ehre ist. Gerne werde ich ihn und die andern Häuptlinge morgen vormittag erwarten.»

Der Indianer verneigte sich ehrerbietig.

«Ich werde es sagen.»

Dann glitt er über die Schwelle.

Das Mädchen erschien am späten Nachmittag und wurde sofort zu Gladwyn geführt.

Es kümmerte sich nicht um die scheelen Blicke der Weißen, um das Grinsen und um die anzüglichen Bemerkungen.

Das Köpfchen stolz erhoben, schritt es in Begleitung des Wachtsoldaten durch die engen Gassen der Blockhäuser und über den weiten Exerzierplatz zur Kommandantur.

Mit ausgebreiteten Armen empfing der Major seine «Blume der Wildnis», wie er das Mädchen an Stelle des unaussprechlichen chippewaischen Namens liebevoll nannte.

Und als die Indianerin ihm die Mokassins zeigte, kargte er nicht mit Lob und Anerkennung.

Er holte ein weiteres Stück fein gegerbtes Elkleder aus der Truhe und überreichte es dem Mädchen.

«Bitte noch ein Paar», bat er, «damit du ganz bestimmt wiederkommst.»

Das Mädchen errötete vor Freude.

Aber dann füllten sich seine großen dunklen Augen plötzlich mit Tränen.

«Ich kann nicht», schluchzte es, «ich werde dir keine Mokassins mehr machen dürfen.»

«Warum denn nicht?» staunte Gladwyn.

«Du wirst keine mehr nötig haben», lautete die merkwürdige Antwort und die schien Gladwyn so seltsam und so ohne Zusammenhang, daß er Näheres zu wissen wünschte.

«Sprich dich aus, Mädchen», sagte er, «warum sollte ich keine Mokassins mehr nötig haben? Was weißt du? Weshalb diese Andeutung?»

Er sah sofort, daß seine Besucherin unter Gewissensqualen litt, daß sie etwas auf dem Herzen trug. Ein Geheimnis, das sie ihm vielleicht anvertrauen wollte. Und anscheinend wagte sie das nicht zu tun.

Das machte ihn mißtrauisch, hellhörig und während er immer stärker auf das weinende, verschüchterte Mädchen eindrang, durchzuckte ihn jäh die Erkenntnis, ihr eigenartiges Benehmen könnte mit dem morgigen Besuche Pontiacs irgendwie verwebt sein.

Jetzt ließ er nicht mehr locker!

Jetzt war er nicht mehr Liebhaber, sondern Offizier und Befehlshaber von Fort Detroit.

Endlich willfahrte die Indianerin seinem Drängen.

Unter Tränen gestand sie ihm, daß Pontiac ihn morgen töten wolle.

«Er und die Häuptlinge werden Waffen unter den Decken tragen. Pontiac wird dir im Laufe des Gesprächs ein Wampum überreichen, mit der grünen Seite nach oben. Das ist das Zeichen. Die Häuptlinge werden dich und die andern Offiziere ermorden. Nachher sollen alle Weißen gefangengenommen, und wenn sie Widerstand leisten, getötet werden. Das Fort will Pontiac den Flammen übergeben.»

Ob solcher Botschaft wurde es dem Offizier heiß und kalt zugleich.

Noch wußte er im Augenblick nicht, was er tun sollte, aber er war sich jedenfalls klar darüber, daß das Mädchen ihm und der Sache Englands einen unbezahlbaren Dienst geleistet hatte.

Er umfaßte die Indianerin.

«Du darfst nicht mehr zurück, Mädchen! Ich werde dafür sorgen, daß dieser gemeine Mordanschlag mißlingt. Dich aber werden sie töten, wenn sie erfahren, daß du vorher bei mir gewesen bist.»

Aber die Indianerin wies dieses Angebot zurück.

Unter keinen Umständen wolle sie im Fort bleiben.

Ihr Platz sei bei ihrem Volk.

Nur aus Liebe zu ihm, Gladwyn, habe sie das Geheimnis verraten und aus Liebe zu ihm, sei sie bereit, auch die Folgen zu tragen.

Schweren Herzens ließ Gladwyn das Mädchen ziehen.

Er hat «die Blume der Wildnis» nie mehr gesehen.

Welches Schicksal der jungen Indianerin auch beschieden gewesen war, es versank im Dunkel der Ungewißheit und im Strom des Vergessens.

*

Gladwyn beriet sich mit seinen Offizieren und entschied dann, die Häuptlinge so zu empfangen, als wäre überhaupt nichts vorgefallen.

Aber er traf seine Vorsichtsmaßnahmen und er heckte einen kühnen Plan aus, um die finsteren Absichten der Indianer rechtzeitig zu vereiteln.

Bevor der Morgen graute, ließ er die Garnison ohne Lärm unters Gewehr treten.

Die Händler bekamen ebenfalls Gewehre und Munition ausgehändigt.

Um die zehnte Morgenstunde erschien Pontiac in Begleitung der Häuptlinge.

Sie wurden sofort hereingelassen und mit allen Ehren empfangen.

Trommeln wirbelten und Querflöten pfiffen.

Stolz, würdevoll, die bunten Decken malerisch über die Schultern geworfen, schritten die Häuptlinge in die

Kommandantur, wo sie im Beratungszimmer von Gladwyn und den Offizieren erwartet wurden.

Die Besucher ließen sich auf den dafür ausgebreiteten Bärenfellen nieder.

Gladwyn setzte sich Pontiac gegenüber an den Tisch.

Die übrigen Offiziere blieben beidseits von ihm stehen, die geladenen Pistolen im Gürtel, die Hand am Degenknauf.

Mit niedergeschlagenen Augen, die schmalen Lippen zusammengepreßt, verharrten die Häuptlinge, wie es bei ihnen Anstand und Sitte war.

Eine fast unerträgliche Spannung bemächtigte sich der Weißen.

Endlich hob Pontiac die Augen und blickte auf Gladwyn.

Keine Miene bewegte sich in dem kantigen Gesicht.

«Mein Bruder», sprach der Häuptling, «ich danke dir, daß du uns empfangen hast. Aber wozu, frage ich dich, haben deine Soldaten bewaffnet Aufstellung genommen? Der Anblick war mir neu und ungewohnt.»

«Du bist willkommen mit deinen Häuptlingen in Fort Detroit», erwiderte Gladwyn höflich und scheinbar unbefangen, «um dir eine Freude zu machen und dich zu ehren, habe ich die Soldaten aufgestellt.»

Mißtrauen glomm in Pontiacs Augen, dann warf er stolz den Kopf zurück.

«Pflegst du auf solche Weise deinen General zu empfangen?»

«Genau so, Häuptling.»

Ein Lächeln zufriedener Genugtuung huschte über Pontiacs strenge Züge.

Dann hob er zu einer langen Rede an.

Er sprach von immerwährender Freundschaft, von gut nachbarlichem Zusammenleben zwischen Indianern und Agalaschima und von ewigem Frieden.

Gladwyn saß während der Ansprache des Häuptlings wie auf glühenden Kohlen. Schweiß perlte auf seiner Stirne, aber unverwandt starrte er den Indianer an.

Die Spannung wurde fast unerträglich!

Pontiac schloß mit einem rednerischen Feuerwerk, indem er mit lauten Worten die Macht und die Größe des englischen Königs pries.

Jetzt ist's soweit, dachte Gladwyn.

Jetzt fällt die Entscheidung!

Pontiac griff unter die Decke.

Gleich gleißenden Flammen zischten in diesem Augenblick die Degen der Offiziere aus den Scheiden.

Sekundenschnell zogen sie die Pistolen und spannten die Hähne.

Die Türen zu den Nebenräumen öffneten sich.

Soldaten mit schußbereiten Gewehren füllten das Zimmer.

Die Indianer waren auf Gedeih und Verderb der Gewalt der Weißen ausgeliefert.

Pontiac bemühte sich krampfhaft um ein freundliches Lächeln.

Er war intelligent genug zu erkennen, daß sein klug eingefädelter Plan mißlungen war und nun ging es ihm nur noch darum, das Gesicht zu wahren.

Der Wampum, den er Gladwyn übergab, trug die grüne Seite nach unten!

Das war für Major Gladwyn das Zeichen, daß Pontiac sich mit der Niederlage abgefunden hatte.

Die Gefahr war vorüber.

Und nun legte er los.

«Liebe Freunde glaubte ich zu empfangen und mit allen Ehren willkommen zu heißen — Schlangen und Stinktiere waren es, die in diesen Raum eingedrungen sind. Gemeine Verräter mit düsteren Mordabsichten, die mit verborgenen Waffen nach dem Leben ihrer Gastgeber trachten.»

Bevor Pontiac Widerstand leisten konnte, hatte ihm Gladwyn die Decke von den Schultern gezogen.

Darunter kam das gestutzte Gewehr zum Vorschein.

«Doppelzüngige Verbrecher seid ihr, die am ersten besten Ast aufgehängt werden sollten. Aber wir Agalaschima haben in eure finsteren Herzen gesehen. Vor unserer Allwissenheit bleibt nichts verborgen. Das merke dir, Pontiac. Du hast Gutes mit Schlechtem vergolten. Eigentlich sollte ich euch in Eisen legen lassen. Ihr hättet es nicht anders verdient. Doch besser als du und deine Bande kenne ich die Gesetze der Gastfreundschaft. Deshalb übe ich selbst da Nachsicht, wo sie nicht am Platze ist. Erhebt euch, Verräter! Schert euch weg! Verlaßt das

Fort und laßt es euch nie mehr einfallen, diesen Platz zu betreten.»

Der Lüge überführt, beschämt und erniedrigt, erhoben sich die Indianer und wollten eilig das Zimmer ihrer unrühmlichen Niederlage verlassen.

Da versperrte ihnen ein ledergekleideter Kundschafter mit gezückter Pistole den Weg.

«Halt! Keinen Schritt weiter!» schrie er.

«Was gibt es? Warum mißachtet Ihr meinen Befehl?» fuhr Gladwyn den Kundschafter an.

Der Bärtige grinste.

«Ich bin nicht Soldat, Major, und ich stehe nicht unter Eurer Befehlsgewalt. Freiwillig habe ich mich Euch zur Verfügung gestellt. Und mit allem Respekt, Sir, Ihr seid im Begriff, eine gewaltige Dummheit zu begehen. Diese Gauner hier», er zeigte mit der Pistole auf die verwirrten Häuptlinge, «vor allem aber ihr Obergauner Pontiac, werden an uns für ihre Niederlage blutige Rache nehmen wollen. Laßt Ihr sie frei und ungehindert aus dem Fort, wird mancher Rotrock dieser Unbedachtheit wegen ins Gras beißen müssen und mancher Siedler wird mit seinem Leben und mit dem Verlust seiner Habe dafür bezahlen. Niemand weiß Euch Dank für diese falsche Großmut, Sir, am allerwenigsten die Indianer. Laßt die Burschen binden und hängt sie am höchsten Baum auf, den Ihr findet. Das wird ein heilsamer Anblick sein für die andern Indianer, wenn sie ihre Häuptlinge baumeln sehen. Pontiac will den Krieg! Ihr,

Ein Rindenkanu wird gebaut. Zwei Chippewamänner sind hier mit dem Bau eines Kanus beschäftigt. Diese aus Rinden und mit biegsamen Stäben gefertigten leichten und schnellen Boote ersetzten den Waldindianern vielfach das Pferd. Die Männer waren geschickte Ruderer, in kurzer Zeit konnten sie auf den Flüssen, lautlos und wie Pfeile dahinschießend, gewaltige Distanzen überwinden. Für seine Besuchsfahrten zu den verschiedenen Stämmen hat Pontiac meistens ein solches Rindenkanu benutzt.

Szene in einem Indianerdorf. Die festliche Tracht der Frauen läßt auf Chippewa-Indianer schließen, einen der größten Stämme in der mächtigen Völkerfamilie der Algonkin. Wir sehen die verschiedenen Bauarten der Wigwams, links ein mit Rinde bedecktes Kegelzelt, dem Tipi der Prärieindianer ähnlich, und rechts eine aus Ästen oder dünnen Stämmen zusammengefügte Hütte. Die Frau im Hintergrund ist mit dem Präparieren eines Hirschfells beschäftigt, die Frau links stickt einen Wampum, und jene rechts bewundert ihr kleines Kind, das in einer bunt verzierten Rückentrage ruht.

Major, verhindert ihn, wenn Ihr meinem Rat gehorcht.»

Schweigen erfüllte den Raum.

Soldaten und Indianer blickten auf Gladwyn.

Die Entscheidung lag in seiner Hand und unter den anwesenden Weißen wäre nicht einer gewesen, der dem Kundschafter nicht aus vollem Herzen beigepflichtet hätte.

Selbst Gladwyn wurde von Zweifel gepackt, ob er seinen Entschluß nicht ändern sollte.

«Ich habe mein Wort gegeben», sagte er endlich unsicher, mit müder Stimme, «es bleibt dabei. Die Indianer sollen das Fort verlassen. Es darf ihnen kein Leid geschehen.»

XII.

Die Geschichte des indianischen Freiheitskampfes gegen die weißen Eroberer Amerikas — von Alaska bis hinunter nach Feuerland — weiß zu allen Zeiten von Häuptlingen zu berichten, die sich tatkräftig gegen das unausweichliche Schicksal ihrer Rasse gestemmt haben.

Vor Pontiac und nach ihm, sind den indianischen Völkern solche Männer erstanden, ausgestattet mit hohen Geistesgaben, ausgeprägt durch ihren Weitblick, durch ihre staatsmännische Kunst und durch ihre militärischen Führereigenschaften, die den Versuch wagten, die Völker und Stämme zu einigen, um gemeinsam in einer Front gegen die Weißen zu kämpfen.

Keiner von ihnen hat das hohe Ziel erreicht, weil Verräterei und Mißgunst unter den Indianern selber — von den Weißen kräftig geschürt! — die Pläne der Häuptlinge oft schon vor Beginn ihrer Ausführung vereitelten.

Pontiacs Aufstand war dafür ein sprechendes Beispiel.

Den weißen Feind am Anfang überraschen, die dadurch entstehende Panik ausnützen und kräftig nachstoßen — auf dieser Erkenntnis war sein Plan aufgebaut.

Daß Fort Pitt Widerstand leistete — das hätte noch verschmerzt werden können, der wäre noch gebrochen worden.

Aber das Mißlingen der Überrumpelung von Fort Detroit barg bereits den Keim der Niederlage in sich.

Pontiac besaß keine schweren Geschütze, um dieses Fort in Brand und Trümmer zu schießen.

Der Häuptling wollte den Indianern jenen blutigen Aderlaß ersparen, den ein Sturm auf die starke und gut bestückte Festung unweigerlich zur Folge gehabt hätte.

Deshalb zog er die Verräterei vor, um — oh, Ironie des Schicksals! — selber am Verrat zu scheitern!

Notgedrungen mußte er jetzt Fort Detroit belagern, obwohl das dem Wesen seiner Krieger keineswegs entsprach.

Der Indianer zeigte, wenn er auf dem Kriegspfade war, nicht Ausdauer und nicht Beharrlichkeit.

Er liebte nicht den langen, opferreichen Krieg.

Ein kurzer Kampf, ein rascher Sieg — darin sah er sein Ideal.

Alles andere war für ihn von Übel, denn er war nicht nur Krieger, er war auch der Ernährer seiner Familie.

Ihm oblag auch die Pflicht, die Familie, den Stamm, vor Hunger zu schützen, für ausreichende Nahrung zu sorgen, Vorräte für die langen Wintermonate zu beschaffen.

Deshalb sah Pontiac nach dem Scheitern seines Planes mit Sorge der Zukunft entgegen.

Aber er ließ davon weder seine Krieger, noch die Engländer etwas merken.

Er eröffnete die Belagerung ganz im Stile eines weißen Feldherrn.

«Der erste, der Fort Detroit Mundvorrat oder sonstigen Bedarf zuführt, hat die Todesstrafe zu erwarten!»

So begann eine Proklamation, die er seinen rund tausend Kriegern, den Engländern in Fort Detroit und den von ihm unbehelligten französischen Gutsbesitzern in der Umgebung zur Kenntnis brachte.

Mit den Vorräten in der Festung war es nun gar nicht zum Besten bestellt.

Ehe drei Wochen vergangen waren, grinste das Gespenst des Hungers schon aus allen Löchern.

Nun scheute sich auch Major Gladwyn nicht, mit List und Wortbruch seine Lage zu verbessern.

Einen jungen Leutnant sandte er zu Pontiac.

Er gab dem Offizier eine weiße Fahne mit und eine Botschaft an den Häuptling, mit dem Inhalt, Fort Detroit biete sofortige Kapitulation an und baue auf die Großmut Pontiacs.

Natürlich war der Häuptling hoch erfreut darüber, daß sich für ihn die Dinge nun doch so erstaunlich schnell zum Guten wendeten.

Zwar mochte in seinem Herzen noch ein leises Mißtrauen gegen das für ihn überraschende Angebot Gladwyns schlummern.

Das mag auch die Ursache gewesen sein, weshalb er den Leutnant vorläufig in seinem Lager zurückhielt.

Doch großmütig wie er war, erteilte Pontiac Befehl, die am Anfang der Belagerung von den Engländern auf dem Wasserwege herangeführten, für Detroit bestimmten Lebensmitteltransporte, die von den Indianern aufgehalten und gekapert worden waren, sofort freizugeben.

Das sprach für seine ehrliche Absicht, den besiegten Feind trotz der ihm zugefügten Demütigung, anständig zu behandeln.

Ja, er tat noch mehr und ergänzte die Lebensmittel mit frisch erbeutetem Wildbret, in der Meinung, die ehemaligen Feinde würden nach den Entbehrungen der Belagerung eine solche Zugabe zu schätzen wissen.

Nun aber, da die Speicher im Fort wieder gefüllt waren, wollte Gladwyn nichts mehr von Kapitulation wissen.

Mit anderen Worten, es war dem Kommandanten von Anfang an nur darum zu tun gewesen, sich mit List und Schlauheit der für ihn bestimmten Vorräte zu bemächtigen.

Als Pontiac dann eine Abordnung nach Fort Detroit schickte, damit sie mit dem englischen Befehlshaber die Einzelheiten über die Durchführung der Kapitulation und über den Abzug der Besatzung bespräche, wurde sie von den Soldaten hohnlachend und mit Drohungen zurückgewiesen.

Rasend vor Wut und Enttäuschung, holte der Häuptling zum Gegenschlag aus.

Sein erstes Opfer war der ahnungslose junge Leutnant.

In sicherer Entfernung von den Brustwehren des Forts, aber doch gut sichtbar für die Besatzung, ließ er den Offizier an einen Pfahl binden und auf grausame Weise zu Tode quälen.

Dem, ob diesem Schauspiel entsetzten Gladwyn, teilte er mit, daß er die Belagerung von Detroit nicht eher aufgeben werde — «und wenn der Winter siebenmal kommt und vergeht» — bis jeder Weiße entweder Hungers gestorben oder am Marterpfahl verendet sei.

Und er war fest entschlossen, diese furchtbare Drohung wahr zu machen.

Da er die Abneigung der Indianer gegen einen langen Krieg kannte und bei seinen Plänen auch in Rechnung setzte, hoffte er zuversichtlich auf die Unterstützung der Franzosen, die am Mississippi und am Illinois noch auf ihren Forts saßen.

Nun konnte er ihnen gegenüber doch auf große Erfolge hinweisen: neun englische Forts im ersten Ansturm gefallen, Detroit und Fort Pitt von gewaltiger Übermacht belagert, tausende von Indianern auf dem Kriegspfad.

Nie war für die Franzosen die Gelegenheit günstiger gewesen, als jetzt, die verlorenen Gebiete wieder in ihren Besitz zu bringen.

Solche Botschaft sandte er den Franzosen und er beschloß sie mit den Worten:

«Seid guten Mutes, Väter! Verlaßt eure Söhne nicht, so wie sie euch nicht untreu werden. Solange ein Indianer am Leben ist, wird nie ein Engländer seinen Fuß über eure Schwelle setzen. Nie sollen die Agalaschima den Westen bekommen!»

Erst viel später, der Winter war schon längst im Lande, erhielt Pontiac von den Mehtikosche — und lange nicht von allen — Antwort.

Sie war für den Häuptling niederschmetternd.

Sie verweigerten rundweg jede Hilfe und überdies rieten sie Pontiac, den Frieden von Paris anzuerkennen und die Feindseligkeiten zu beendigen.

Diese Haltung der Franzosen hat ebenfalls in wesentlichem Maße den Zusammenbruch des indianischen Aufstandes gefördert.

*

Aber vorläufig war es noch nicht so weit.

Noch war Pontiac guten Mutes und zuversichtlich.

Noch waren seine Krieger kampfdurstig.

Major Gladwyn durfte sich auf seinen listigen Schachzug nicht allzuviel einbilden.

Die Schar der Belagerer wurde immer größer und die Zahl der Soldaten immer kleiner.

Hinter jeden gefallenen Indianer traten drei neue Kämpfer.

Gefallene Soldaten hingegen konnten nicht mehr ersetzt werden.

Dabei war Fort Detroit von Sir Amherst keineswegs aufgegeben worden.

Nur schätzte er die wirkliche Lage falsch ein und nach wie vor war er der Auffassung, daß Gladwyn den Kampf nicht richtig führte.

Er beauftragte Fort Niagara, der belagerten Festung Waffen und Soldaten zu senden.

Fort Niagara lag am Ontario See, etwa dreihundertfünfzig Kilometer von Detroit entfernt.

Der dortige Kommandant war aber nicht gesonnen, seine ihm anvertraute Festung allzusehr zu schwächen.

Er gehorchte wohl dem Buchstaben des Befehls, setzte aber nur ein zahlenmäßig geringes Expeditionskorps zusammen und unterstellte es dem Befehl des jungen und unerfahrenen Leutnant Cuyler.

Mit Mühe und Not erreichte Cuyler endlich das Gebiet zwischen St. Clair und Erie.

Natürlich war Pontiac von seinen Spähern über die Bewegungen dieses Feindes ständig auf dem laufenden gehalten worden.

Es war ihm ein leichtes, seine Gegenmaßnahmen zu treffen.

Schon sahen Leutnant Cuyler und seine Männer in der Ferne die Umrisse der Festung, sahen sie das Banner mit dem Georgskreuz hoch oben am Mast lustig in der frischen Seebrise flattern, schon glaubten sie sich am Ziel ihrer beschwerlichen Reise, da schlug Pontiac zu.

Dem Überfall fiel auf Anhieb mehr als die Hälfte der Soldaten zum Opfer.

Der Rest, mit Leutnant Cuyler an der Spitze, floh Hals über Kopf zurück nach Fort Niagara.

*

Amherst tobte!

Er rüstete eine neue Expedition aus und diesmal überwachte er persönlich die Vorbereitungen und den Befehl übergab er seinem Adjutanten, Captain Dalyell.

«Ich stelle Ihnen zweihundertsechzig meiner besten Soldaten zur Verfügung, Dalyell. Nehmen Sie auch reichlich Verpflegung und Schießbedarf mit. Sie fahren auf einem gepanzerten Schoner nach Detroit. Da sollte es mich wundern, wenn Ihnen der Durchbruch nicht gelänge!»

«Zu Befehl, Sir!»

«Noch etwas, Dalyell. In Detroit übernehmen Sie die Initiative. Lassen Sie sich von dem lahmen Gladwyn nicht bange machen. Ich verlasse mich auf Sie. Bereiten Sie dem Spuk ein rasches und gründliches Ende. Sie werden sehen, wenn man kräftig und energisch zupackt, laufen die Indianer wie die Hasen!»

«Zu Befehl, Sir!»

Am 29. Juli 1763 erreichte der Schoner Fort Detroit. Ein starkes Gewitter begünstigte den Durchbruch und erlaubte die ungehinderte Landung.

Nun verfügte Gladwyn über vierhundertvierzig Mann Besatzung und die von Amherst geschickten Munitions- und Verpflegungsvorräte reichten für viele Monate aus.

«Jetzt kann ich etwas beruhigter in die Zukunft blikken, Dalyell», seufzte Gladwyn erleichtert.

Er reichte ihm ein Glas Whisky.

«Nun mögen sich die Indianer blutige Köpfe holen, falls sie unvernünftig genug sind, einen Sturmangriff zu wagen. Pontiac muß sich bald zu etwas entschließen, sonst laufen ihm die Krieger fort. Der Herbst ist nicht mehr weit entfernt. Es wird für die Indianer Zeit, daß sie sich um die Wintervorräte kümmern.»

Er lachte.

«Wir jedenfalls, müssen uns deswegen keine Sorgen mehr machen, dank Ihnen, Dalyell, und dem brummigen alten Amherst.»

Aber Captain Dalyell stimmte nicht in dieses Lachen ein.

Verwundert schaute Gladwyn den Offizier an.

«Stimmt was nicht, mein Freund? Warum schweigen Sie! Warum machen Sie ein so bitterböses Gesicht?»

Brüsk stellte Dalyell sein Glas auf den Tisch.

«Weil wir mit Ihrer Art, wie Sie den Krieg gegen die Indianer führen, nicht zufrieden sind, Sir!» antwortete er.

Erstaunt zog Gladwyn die Augenbrauen hoch.

«Erklären Sie sich näher, Dalyell», forderte er ihn auf. «Was heißt das, nicht zufrieden? Sie sagten wir! Heißt das, daß Sie mit mir nicht einverstanden sind und mit Ihnen etwa auch — Sir Amherst?»

«Sie haben es genau erraten, Sir! General Amherst ist in höchstem Maße über Sie erbost und ich schließe mich voll und ganz seiner Meinung an. Es geht nicht in erster Linie darum, daß die Indianer gegen das Fort anrennen, um sich blutige Köpfe zu holen, wie Sie sich auszudrükken belieben. Der General und ich legen großes Gewicht darauf, daß die Indianer so bald als möglich entscheidend geschlagen werden!»

«Und um diesen Sieg zu erkämpfen, sind Sie nach Detroit gekommen!»

«Yes, Sir!»

Gladwyn schenkte sich wieder ein und trank das Glas in einem Zuge aus.

«Sie sind verrückt, Dalyell», lachte er nervös, «weder Sie, noch der Oberbefehlshaber, haben eine Ahnung von den Verhältnissen hier in Fort Detroit. Ein Ausfall unserseits gegen die gewaltige Übermacht der gut geführten und gut bewaffneten Indianer käme einem Selbstmord gleich. Wir haben den längeren Spieß! Wir können warten!»

Dalyell blieb fest.

«Sir Amherst will aber nicht länger warten! Er will einen sofortigen und einen entscheidenden Erfolg sehen!»

«Dalyell, Sie sind doch ein kluger Mann. Sie haben einen gesunden Menschenverstand. Sie müssen doch einsehen, daß meine Taktik die einzig richtige ist.»

Er faßte den Captain an den Schultern.

«Überzeugen Sie sich selber, Dalyell! Sehen Sie sich das Gelände an, sprechen Sie mit meinen Offizieren, machen Sie sich ein eigenes Bild von der Lage und wenn Sie zurückkehren, werden Sie mit meinen Worten zu Sir Amherst sprechen.»

Dalyell schüttelte den Kopf.

«Ich werde nicht zurückkehren, bevor die Belagerung von Fort Detroit aufgehoben ist.»

«Heißt das, daß Sie den Befehl haben, die Indianer anzugreifen?»

Captain Dalyell griff in seine Brusttasche und zog ein Schriftstück hervor.

«Da, Sir, lesen Sie selber, daß General Amherst mir den Auftrag erteilt hat, der Belagerung durch die Indianer mit allen Mitteln ein Ende zu bereiten.»

Major Gladwyn griff sich an die Stirne.

«Da bleibt mir nichts weiter übrig, als Ihnen und Ihren Soldaten Glück zu wünschen», sagte er tonlos.

*

Im dämmernden Morgen des 31. Juli 1763 griff Captain Dalyell mit seinen Männern an.

Sie kamen ungeschoren über das freie, deckungslose Feld.

Doch bevor sie in den Wald eindringen wollten, wo sich, nach Gladwyns Aussage das Hauptquartier Pontiacs befinden sollte, wurden sie von einem Feuerhagel überschüttet.

Zweiundsechzig Mann stürzten in das taunasse Gras, um sich nie wieder zu erheben.

Verwirrt und unschlüssig blieben die übrigen Soldaten stehen.

Dalyell war unverletzt geblieben.

Er schwang den Degen.

«Vorwärts Männer! Hoch lebe der König!»

Da blitzten aufs neue die Mündungsfeuer auf und mit höllischem Knattern fuhr die zweite Salve in die bereits erschütterten Reihen.

Jetzt gab es kein Halten mehr.

In wilder Flucht fluteten die Überlebenden zurück.

Mit dem flachen Degen hieb der noch unverletzte Dalyell auf die Männer ein.

«Feiglinge!» brüllte er verzweifelt.

«Steht! Um Gottes willen, steht!»

Ein Sergeant hielt treu an seiner Seite aus.

«Es ist alles verloren, Sir! Wir halten die Leute nicht mehr auf. Denen sitzt die Furcht...»

Ehe er den Satz zu Ende sprechen konnte, traf ihn eine Kugel mitten in die Brust.

Dalyell versuchte den Schwerverwundeten unter den Armen zu fassen und ihn aus der Feuerlinie zu retten.

«Laßt mich liegen, Sir», stöhnte der Sergeant, «gebt mir eine Kugel. Bald werden die Indianer nachstoßen und denen möchte ich nicht lebend in die Hände fallen. Beeilt Euch! Macht rasch, damit Ihr Euch selber retten könnt.»

Aber Captain Dalyell dachte nicht daran.

Unter Aufbietung der letzten Kräfte hob er den Sergeanten hoch, um ihn auf seine Schultern zu laden.

Zum drittenmal prasselte das Rottenfeuer der Indianer und von den Kugeln durchsiebt, hauchten Dalyell und der Sergeant ihr Leben aus.

Pontiac verfolgte die Fliehenden nicht.

Sein Befehl hielt die skalplüsternen Krieger zurück.

Doch als Gladwyn das Tor öffnen ließ, um die Überlebenden aufzunehmen, stieg rings um das Fort ein vielhundertstimmiges Siegesgeheul hoch.

Schaudernd stieg Gladwyn von der Brustwehr hinunter.

Er hatte die Niederlage vorausgesagt.

Er hatte Dalyell gewarnt.

Und trotzdem blieb in ihm ein ungutes Gefühl zurück.

Der Major zog sich in seine Stube zurück und schrieb einen ungeschminkten Bericht an die Adresse von Sir Jeffry Amherst.

Nach Einbruch der Nacht mußte ein Kundschafter versuchen, den Belagerungsring zu durchbrechen, um den traurigen Bericht ins Hauptquartier zu bringen.

Häuptling Pontiac aber befand sich nach diesem Sieg auf dem Gipfelpunkt der Macht.

Sein Ansehen unter den Stämmen war ungeheuer.

Täglich strömten ihm neue Krieger zu.

XIII.

In den Wäldern um Fort Pitt.

Auf dem jenseitigen Ufer des dunklen Monongahela, inmitten auf einer Lichtung, saßen die Häuptlinge der verbündeten Stämme und Nationen.

Schildkrötenherz, König Biber, Weindohela und Shingas berichteten über ihren zweiten erfolglosen Versuch, den Kommandanten von Fort Pitt zur Übergabe zu überreden.

Stumm hörten die Häuptlinge zu.

Rauch kräuselte aus ihren Pfeifen.

«Der Agalaschima ist mit Blindheit geschlagen», zürnte Schildkrötenherz, «nun soll er die Folgen seines Starrsinns tragen.»

Giangwatha lächelte grausam.

«Die Irokesen sind nicht Freunde vieler Worte», sagte er bedächtig, «sie geben mehr auf Taten. Wir haben schon mehr Zeit verloren als notwendig. Mehr als tausend Krieger warten ungeduldig auf ein Zeichen von uns. Was zögern wir länger, den Sturm zu entfesseln, die Skalpe zu holen? Die Festung ist eingekreist. Sie wird unserem Angriff nicht lange widerstehen.»

Schilahin, der finstere Tuscarora, pflichtete ihm bei.

«In der Morgenfrühe soll sich das Schicksal der Agalaschima erfüllen. Kein Stein bleibe auf dem andern.

Kein Leben werde geschont. Feuer vernichte zum zweitenmale und für immer diese Festung.»

Cornstalk, der gewaltige Schawano, legte die Pfeife ab. «Giangwathas und Schilahins Worte sind auch die meinen. Ehe die Nacht sich zum Tage wendet, werden die Krieger der verbündeten Nationen sich wie eine Sturmflut über die Wälle des Forts ergießen.»

Einer nach dem andern der versammelten Häuptlinge sprach für den Sturmangriff auf die verhaßte Festung.

Sie wollten nicht mehr länger zuwarten.

Ihre Geduld war zu Ende, namentlich die Irokesen hatten nie begreifen können, daß man mit dem Feinde überhaupt unterhandelte.

Es war ein eindrucksvoller und furchterregender Anblick, diese Häuptlingsversammlung.

Da saßen sie rings um das Ratsfeuer.

Bunte, farbenprächtige Decken hüllten die zumeist nackten Oberkörper ein.

Die wie aus Granit gehauenen, kantigen Gesichter waren mit grell leuchtender Schminke bemalt.

Unbezähmbare Wildheit, mitleidlose Entschlossenheit und sprühender Haß formte ihre Züge.

Mehrheitlich trugen sie den Schädel bis auf eine schmale, längsgezogene Haarraupe glatt rasiert.

Und in dieser Haartracht wippten Adlerfedern, Federn vom Schwanze des Truthahns und Fellstücke von Hirsch, Büffel und Bär.

Einzelne Häuptlinge, wie Cornstalk, trugen über den

Häuptling der Irokesen. Die «Römer der Wildnis» wurden sie genannt, die stolzen, in der Kriegführung barbarisch wilden und im Frieden maßlos herrschsüchtigen Irokesen – der Bund der fünf, später sechs Nationen. Es gehören dazu die Mohawk, die Seneca, die Onondaga, die Cayuga und eben später noch die Tuscarora. Die Irokesen waren die Geißel der benachbarten Algonkinstämme, von denen sie einige völlig ausgerottet haben. Erbitterte Feinde der Franzosen und treue Freunde der Engländer – was sie allerdings nicht hinderte, zumindest teilweise mit Pontiac gemeinsame Sache zu machen. Unter den Belagerern von Fort Pitt befanden sich starke Banden der Irokesen.

Kopf gestülpt eine Fellkappe mit den Hörnern des Bisons und andere, wie Giangwatha, eine phantastisch aufgeputzte Federperücke mit Schnabel und Krallen des Kriegsadlers.

Wieder ergriff Schildkrötenherz das Wort.

«Da gute Worte nichts mehr nützen, soll das Beil entscheiden», sprach er entschlossen, obwohl er seine Enttäuschung über den Mißerfolg seiner Bemühungen nicht ganz unterdrücken konnte.

Die Häuptlinge packten die neben ihnen liegenden Streitäxte.

«Das Beil soll entscheiden!»

*

Mit geradezu urweltlicher, barbarischer Wucht, brach der Sturm gegen Fort Pitt los.

In dichten Scharen rannten die Indianer gegen die Brustwehren.

Ihr tausendfaches Geheul erfüllte die Morgendämmerung und ließ die Herzen der im Fort eingeschlossenen Flüchtlinge erzittern.

Standhaft aber blieben Major Ecuyer und seine Soldaten.

Er hatte, nachdem von ihm auch die zweite Aufforderung zur Kapitulation abgelehnt worden war, die gesamte Besatzung und alle kampffähigen Männer unter die Waffen gerufen.

«Müßte mich täuschen, wenn die Geduld der Indianer nicht erschöpft wäre», hatte er gesagt, «was wir bis jetzt mitgemacht haben, wird übertroffen von dem, was uns erwartet. Hütet euch vor dem nächsten Morgen, Männer! Bleibt wachsam und haltet euch tapfer!»

Trotzdem die Besatzung erbitterten Widerstand leistete, gelang es einzelnen tollkühnen Kriegern, da und dort die unzulänglich befestigten Brustwehren zu erklettern und in das Innere einzudringen.

Harte, gnadenlose Kämpfe von Mann gegen Mann spielten sich ab.

Doch verhinderte die Umsicht Ecuyers größere Einbrüche, die unabsehbare Folgen gehabt hätten.

«Haltet aus, Männer!» spornte der Kommandant die Soldaten und die in ihren Reihen stehenden Händler und Jäger an.

«Haltet aus! Wenn wir den Feind abwehren, wird sein Mut für immer gebrochen!»

Überall war Ecuyer zugegen, namentlich war er stets dort anzutreffen, wo die Gefahr am höchsten war. Er schonte sich nicht.

Vergessen waren Gicht und Schmerzen.

Aufrecht, den Verzagten ein leuchtendes Beispiel, den Tapferen ein nachahmenswertes Vorbild, achtete er nicht auf die gleich Hagelschloßen niederrauschenden Pfeile, auf das Prasseln der Kugeln.

Plötzlich gellte wieder der Schreckensruf durch die Gassen:

«Feuer!»

Ein Speicher stand in hellen Flammen.

Indianer hatten sich auf dem Schwemmsand, dicht unter den Palisaden, eingenistet und schossen aus nächster Nähe ihre Brandpfeile in das klingeldürre Holz.

Nun konnte die Feuerspritze ihre Tauglichkeit beweisen.

Und sie tat es!

Später hat Ecuyer sicher mit nicht geringem Stolz berichtet, daß nächst der unvergleichlichen Tapferkeit der Soldaten und der bewaffneten Zivilisten, wohl die von ihm selber konstruierte Feuerspritze wesentlichen Anteil an der Errettung von Fort Pitt hatte.

Hin und her wogte der Kampf.

Noch war den Indianern ein Einbruch nicht gelungen.

Aber unablässig trieben die Häuptlinge ihre Krieger gegen die feuerspeienden Brustwehren.

Unablässig brandeten die Wellen nackter, bemalter und federngeschmückter Wilder gegen das Fort und fluteten abgeschlagen wieder zurück.

«Vorwärts, ihr Tapferen!» dröhnte Cornstalks kellertiefer Baß.

«Holt die Skalpe der Agalaschima!» kreischte Schilahins Fistelstimme.

«Schlagt die Weißen!» wütete Giangwatha.

Und in das Gebrüll der Krieger mischte sich das Schlagen der Trommeln, das Schrillen der Flöten und der eintönige, hohle und aufreizende Gesang der Medizinmänner.

*

Doch Fort Pitt widerstand.

Eisern hielten die Kämpfer aus.

Hinter ihnen standen die Frauen und luden die Gewehre und hinter den Frauen tummelten sich halbwüchsige Mädchen und Knaben und sorgten dafür, daß die Verwundeten Linderung und Pflege erhielten.

In diesen Stunden, da es im wahrsten Sinne um Sein oder Nichtsein ging, da die Kräfte aller bis zum Letzten beansprucht wurden, griff das Schicksal noch einmal unbarmherzig ein:

Major Ecuyer wurde von einem Pfeil in die Hüfte getroffen!

Sie legten den Lahmgeschossenen auf eine Bahre und trugen ihn in Sicherheit.

Trotz seiner Schmerzen spornte der Kommandant die Kämpfer zum Ausharren an.

«Achtet nicht auf mich! Die Wunde ist nicht schlimm. Bald werde ich wieder unter euch sein. Haltet mir die Indianer vom Leibe!»

Da wehrten sie sich noch verbissener und schlugen Angriff um Angriff zurück.

Als die Sonne am höchsten stand, ebbte der Sturm ab.

Zähneknirschend mußten sich die Häuptlinge eingestehen, daß ihr Plan gescheitert war.

Fort Pitt atmete auf.

Die Gefahr war geringer geworden, aber noch längst war sie nicht behoben.

Die Indianer gingen zum zermürbenden Kleinkrieg über.

Tag und Nacht wechselten handstreichartige Angriffe ab mit Feuerüberfällen.

Sie trieben Stollen in das Ufergelände, häuften den Schwemmsand zu Brustwehren auf und schossen so ungehindert und ungefährdet ihre Kugeln und Brandpfeile ab.

Und das zog sich so tage- und wochenlang dahin.

Neben dem indianischen Feind machte die Hundstagehitze den Belagerten am meisten zu schaffen.

Wahrhaftig, es brauchte fast übermenschliche Energie und eine grenzenlose Zuversicht, um in diesem Hochsommer des Jahres 1763 nicht zu verzweifeln.

Die Indianer hielten das Fort eisern in der Zange.

Keine Maus vermochte ungesehen hinauszuschlüpfen und niemand kam herein.

Abgeschnitten von aller Welt, ohne jede Nachricht von draußen, harrten die Weißen aus.

Die Seele des Widerstandes war Major Ecuyer, der trotz seiner Verwundung noch Willenskraft genug besaß, um die Herzen der Eingeschlossenen mit Mut zu erfüllen.

Doch, wenn er mit sich selber allein war, wollte auch er manchmal schier verzweifeln.

Wenn nicht von außen her bald einmal Hilfe kam, wurde die Lage unhaltbar.

Aber von wo sollte Hilfe kommen?

Nur ein Wunder konnte noch eine Wendung herbeiführen!

Und dieses Wunder geschah!

*

Ein fahler Morgen dämmerte.

Es war die gefährliche Stunde zwischen Tag und Nacht, die von den Indianern mit Vorliebe zu einem Angriff ausgewählt wurde.

Jeweils von Mitternacht an bis zum Sonnenaufgang, hatte Ecuyer die Wachen verstärkt und sie zu ganz besonderer Aufmerksamkeit ermahnt.

«He, Jim! Hörst du nichts?»

Der Soldat stieß seinen Kameraden mit dem Ellenbogen an.

«Nein!» brummte der andere kurz angebunden.

Scharf spähten sie über die Palisaden.

Jäh richtete Jim sich auf.

«Bei Gott, du hast recht, Alter! Ich höre nichts! Kein Trommeln, kein Rasseln — rein nichts!»

«Merkwürdig, was?»

Angestrengt lauschten sie beide.

Dann schüttelten sie wortlos ihre Köpfe.

Da ging doch etwas nicht mit rechten Dingen zu!

Sie riefen nach dem Sergeanten, aber auch der wurde aus der absonderlichen Ruhe nicht klug.

«Sonst haben sie doch um diese Zeit immer irgendwie eine Teufelei vorbereitet und das ging ja bei ihnen nie ohne Lärm ab», sagte der Unteroffizier.

«Übrigens, da fällt mir auf, daß auch kein Feuerschein zu sehen ist!»

Unheimlich lastete die ungewohnte Stille über der Landschaft.

Höhnisch kreischte im nahen Gebüsch ein Häher.

Die drei Soldaten fuhren erschrocken zusammen.

Aber flatternder Flügelschlag bewies, daß es wirklich ein Häher gewesen war.

Die Indianer waren weg!

Eine Stunde später brachte ein kühner Späher diesen beruhigenden, aber seltsamen Bescheid ins Fort zurück.

Freiwillig hatte er sich anerboten, die schützenden Palisaden zu verlassen und sich etwas umzusehen.

«Keine lebendige Menschenseele hält sich außerhalb des Forts auf, Sir», sagte er zu Ecuyer.

Zweifelnd nagte der Kommandant an den Lippen.

Das wäre ja zu schön, wenn diese verfluchte Belagerung endlich ein Ende hätte.

Aber noch traute er dem Frieden nur halb.

Er konnte aus dem Verhalten der Indianer nicht klug werden.

Ob sie sich zurückgezogen hatten, nur um mit noch stärkerer Macht wieder vor dem Fort zu erscheinen?

Das war unwahrscheinlich.

Ob sie die Besatzung herauslocken wollten?

Das war am ehesten anzunehmen.

Ecuyer ließ den Tag und die darauf folgende Nacht noch vorbeigehen.

Dann erteilte er Befehl, das Gelände und die umliegenden Wälder mit starken Patrouillen zu durchkämmen.

Gegen Abend kehrten alle Soldaten wohlbehalten zurück.

Übereinstimmend lautete ihr Bescheid:

Die Indianer sind abgezogen!

Aber weshalb?

Vergeblich zermarterte Ecuyer seinen Kopf.

*

Natürlich konnte der Kommandant nicht ahnen, daß Sir Jeffry Amherst unter dem Einfluß der vielen Hiobsbotschaften endlich geruhte, die Tatsache eines äußerst bedrohlichen Indianeraufstandes zur Kenntnis zu nehmen und daß er, dem unablässigen Drängen von Oberst Bouquet nachgebend, den sofortigen Entsatz des gefährdeten Forts Pitt als vordringliche Maßnahme anordnete.

Er konnte auch nichts davon wissen, daß sein schweizerischer Waffenbruder Hals über Kopf vierhundert Hochländer-Soldaten (Soldaten aus Schottland) zusammengekratzt hatte und an deren Spitze in die Wildnis zog, um ihm Hilfe zu bringen.

Es war zwar ein schwerfälliger Heerzug, der sich da mühsam und schneckengleich vorwärtsbewegte.

Denn außer seinen Soldaten, schleppte Bouquet noch hundert störrische Schlachtochsen, eine Herde Schafe und zahlreiche, mit Vorräten beladene Tragpferde mit.

Das alles wußte Ecuyer nicht.

Dafür erfuhren es die Indianer und sie besannen sich nicht lange, was sie tun sollten.

Über Nacht brachen sie von Fort Pitt auf, eilten im Schnellschritt dem neuen Feinde entgegen, um ihm den Weg zu versperren, um ihn zu schlagen, um nachher beutebeladen zurückzukehren und die verhaßte Festung endlich in ihre Gewalt zu bringen.

So überlegten die Häuptlinge und sie hatten ihren Plan gut bedacht.

Den Obersten Bouquet kannten sie nicht, aber vor den englischen Offizieren hatten sie allgemein und mit wenigen Ausnahmen keinen großen Respekt.

Auch hatten die Späher ihnen berichtet, daß die Soldaten müde seien und daß es ein leichtes wäre, den Heerwurm in seiner ganzen Länge anzufallen und Stück um Stück aus ihm herauszureißen.

Der Medizinmann hatte Manitou und die Geister befragt und alle verhießen sie einen leichten, mühelosen Sieg über die Agalaschima.

Die Belagerung von Fort Pitt konnte warten!

Zuvor mußten die heranmarschierenden Feinde vernichtet werden und dann würde ihnen auch die Festung wie ein überreifer Apfel in den Schoß fallen.

Die Berichte der indianischen Späher waren nicht übertrieben. Bouquets Soldaten waren erschöpft.

Menschen und Tiere litten Durst.

Das Marschtempo schlug alle Rekorde der Langsamkeit.

Und was die Hochländer unterwegs zu sehen bekamen, war keineswegs dazu angetan, ihren Kampfmut anzufachen, denn Monate vor ihnen waren die Tuscarora und die Seneca auf dem gleichen Pfade nach Fort Pitt geeilt.

Furchtbar waren die Spuren der Zerstörung, die ihre Horden hinter sich gelassen hatten.

*

Bei Bushy Run griffen die Indianer Bouquets Vorhuten an und schlugen sie schon nach dem ersten Zusammenprall in die Flucht.

Endlich konnten sich zahlreiche Krieger mit den Skalpen der Weißen schmücken.

Bouquet bereitete sich zum Gefecht vor.

Aber die Hauptmacht der Indianer war auf dem Kampfplatz, bevor die Engländer ihre komplizierte Schlachtordnung erstellt hatten.

Wie hungrige Wölfe den eingekreisten Büffel anfallen und Stück um Stück aus seinem Fleisch reißen, so fuhren die Indianer über die Engländer her.

Genau so, wie es die Häuptlinge geplant hatten.

Während vollen sieben Stunden wütete der Kampf, dann machte ihm die Nacht vorläufig ein Ende.

Nachts kämpfen die Indianer nicht.

Ihrem Glauben gemäß mußte die Seele eines in dunkler Nachtstunde getöteten Kriegers für alle Ewigkeit im Schattenreich herumirren.

Dieser Gefahr wollten sie sich nicht aussetzen!

Morgen war auch noch ein Tag!

Dem Obersten Bouquet kam diese Kampfpause sehr gelegen. Er war erheblich angeschlagen, hatte zahlreiche Tote, Vermißte und Verwundete zu beklagen.

Menschen und Tiere litten Durst und die Ochsen brüllten und die Schafe blökten ihr Elend in den finsteren Wald hinein.

Ringsum brannten die Lagerfeuer der siegesgewissen Indianer.

Dumpf dröhnten die Trommeln und wild tönten ihre Gesänge.

Erschauernd hüllten sich die Soldaten in ihre Decken.

An ihren Herzen nagte die Furcht vor dem Kommenden und die Sehnsucht nach ihrer fernen schottischen Heimat.

Ob sie diese wohl wieder zu sehen bekamen?

Kaum begann der Tag zu dämmern, erloschen die Feuer der Indianer.

Und dann begann der ungleiche Kampf von neuem.

Tapfer wehrten sich die Soldaten ihrer Haut.

Tollkühn stürzten sich die Krieger auf die verhaßten Feinde.

Hin und her wogte die Schlacht.

Da entschied sich Bouquet für den Rückzug.

Unbesonnen, den nahen Sieg zu packen, den endgültigen Triumph auszukosten, drängten die Indianer nach, nicht achtend, daß Bouquet trotz dem unbeschreiblichen

Getümmel noch Zeit gefunden hatte, einen Hinterhalt zu legen.

Aus nächster Nähe prasselte das Salvenfeuer der Hochländer beidseits in die dichten Reihen der Krieger und schlug sie zu Boden.

Gedankenschnell nützte der Oberst die entstandene Verwirrung aus und stieß mit aller Wucht in die erschütterte Hauptmacht der Indianer.

Ihre Niederlage war furchtbar.

Wer noch von den eben so siegestrunkenen Kriegern lebte, wandte sich zur Flucht.

Zunichte war der so klug eingefädelte Plan.

Was nützte es, daß Cornstalk seinen kopflos davon rennenden Männern Einhalt gebot, daß Giangwatha in rasender Wut den Medizinmann niederschlug, daß Shingas und Weindohela sich gegen die Flüchtigen stemmten?

Manitou hatte gegen seine roten Kinder entschieden.

Die Schlacht war verloren.

Bouquet war gerettet und gerettet aus Gefahr und Bedrängnis war auch Fort Pitt.

*

Wie ein Löwe nach siegreichem Kampfe seine Wunden leckt, blieb auch Bouquet noch einige Zeit bei Bushy Run liegen.

Einen Viertel seiner Mannschaft hatte er verloren und die Hälfte seines Viehs war zugrunde gegangen.

Aber nun durfte er nicht mehr länger rasten.

Er mußte so rasch als möglich nach Fort Pitt, bevor die Indianer sich von ihrer Niederlage erholt hatten und vielleicht von neuem zurückkehrten.

Bouquet ließ alle seine Vorräte vernichten, um beweglicher zu werden.

Dann marschierte er weiter und am vierten Tage nach der siegreich geschlagenen Schlacht erreichte er die Festung.

Ecuyer glaubte, er müßte vor Freude den Verstand verlieren.

Trotz seiner Verwundung, trotz seiner Schmerzen, zog er sich «proper» an und humpelte, auf den Arm des Adjutanten gestützt, dem Obersten entgegen.

Stramm meldete er Bouquet die Festung.

Dabei perlten ihm die Tränen über die hageren Wangen.

Gerührt breitete Bouquet die Arme aus.

«Simon!»

«Henri!»

Schon am nächsten Tage erschienen einige Häuptlinge auf Fort Pitt und boten Oberst Bouquet ihre Unterwerfung an.

Pontiacs Front bröckelte auseinander.

XIV.

Die katastrophale Niederlage von Bushy Run zeigte verhängnisvolle Folgen für den Bund der fünfundzwanzig indianischen Nationen.

Der Glaube an einen schnellen Sieg schmolz dahin wie Schnee in der Frühlingssonne.

Das Vertrauen in Pontiac war erschüttert.

Mutlosigkeit trat an Stelle der Begeisterung, Angst breitete sich aus, wo vorher Zuversicht herrschte und scheele Mißgunst, Eifersucht und Verräterei wucherten in den einst so festgefügten Reihen.

Herbst und Winter nahten.

In den indianischen Dörfern waren die Vorräte aufgebraucht.

Wollte man den Winter heil und unbesorgt überstehen, mußte die Zeit der Jagd genutzt werden.

Die Frauen spürten Sehnsucht nach ihren Männern, die Mütter verlangten nach ihren Söhnen.

Langsam, aber unaufhaltsam mehrten sich die Zeichen des Zerfalls.

Schon hatten sich die Krieger kleinerer Stämme aus der Front zurückgezogen, ohne Pontiac überhaupt Bescheid zu sagen.

Häuptlinge suchten sich bei den Weißen anzubiedern und mit wortreichen Friedensbeteuerungen Vergangenes vergessen zu machen.

«Wir bitten um Nachsicht, Vater», sprach unterwürfig ein Sachem der Wyandot zum Obersten Bouquet, «wir sind unfolgsam gewesen wie unwissende Kinder. Dein gutes Herz wird uns verzeihen. Wir schwören dir, nie mehr gegen die Agalaschima das Kriegsbeil zu erheben.»

Und ein Häuptling der Chippewa schob alle Schuld auf Pontiac.

«Der verräterische Ottawa hat uns ins Unglück gestürzt. Du wirst ihn dafür bestrafen. Mildere deinen Zorn gegen uns, Bruder, wir werden von nun an treu an deiner Seite stehen.»

Pontiacs Stern war am verlöschen.

*

Dem großen Häuptling blieb diese unheilvolle Entwicklung nicht verborgen.

Da kamen sie zu ihm ins Zelt geschlichen.

«Frauen und Kinder leiden Hunger, Pontiac. Sie bedürfen unser. Lasse uns ziehen, im Frühjahr wirst du wieder auf uns zählen können.»

Er hinderte keinen, der ihn verließ, obwohl er genau wußte, daß die wenigsten mehr zurückkehren würden.

Er überredete aber auch keinen zum Ausharren, das ließ sein Stolz nicht zu.

Steinernen Angesichts hörte er sich die Bitten und Klagen an — und schwieg.

Denn immer noch hielt der Ring um Fort Detroit.

Er hielt bis in das Frühjahr 1764 hinein.

Groß war noch die Zahl der Getreuen und mit diesen hoffte Pontiac, die plötzlich drohende Niederlage zu bannen, und das Kriegsglück zu erzwingen.

Fort Detroit mußte fallen!

Er benötigte einen Sieg, einen klaren, eindeutigen und überwältigenden Sieg über die Engländer.

Ein solcher Sieg würde seine gelichteten Reihen wieder füllen.

Dann würden sie begeistert wiederkehren, die Feigherzigen, Abtrünnigen und die Mutlosen.

Neue Verbündete würden ihm zuströmen.

Und vielleicht ließen dann auch die Mehtikosche ihre Zurückhaltung fallen und ergriffen offen seine Partei!

So überdachte Pontiac seine Lage.

Und er entschloß sich, alles auf eine Karte zu setzen, und Fort Detroit im Sturme zu nehmen.

Fieberhaft traf er seine Vorbereitungen. Trotzdem entbehrten sie nicht der Gründlichkeit.

Pontiac wußte, was für ihn und für die Sache, die er vertrat, auf dem Spiele stand.

Der Einsatz war zu hoch, er ließ sich auf keine Halbheiten ein.

Unermüdlich und genau so, wie er es bei den Franzosen gesehen und gelernt hatte, bereitete er seine Krieger auf das große Ereignis vor.

Er erfüllte ihre Herzen mit Mut und von neuem gelang es ihm, die Indianer zu flammender Begeisterung hinzureißen und sie für das gemeinsame Ziel zu gewinnen.

*

Aber wieder fand sich unter ihnen ein Verräter, ein mißgünstiger, feiger Kerl, der sich bei Nacht und Nebel ins Fort schlich, und Major Gladwyn Pontiacs Plan hinterbrachte.

Der Kommandant frohlockte.

Endlich bot sich ihm die Chance, die längst herbeigesehnte Chance, den Indianern eine vernichtende Niederlage zuzufügen.

Er war genau darüber orientiert worden, wann der Angriff erfolgen sollte und wie Pontiac ihn durchzuführen gedachte.

Gladwyn handelte und traf seine Maßnahmen.

Die Nacht vor dem Angriff unterschied sich in nichts von allen andern Nächten.

Es brannten rings um das Fort die Feuer der Belagerer. Es dröhnten die Trommeln, es schrillten die Rindenflöten und hohl tönten die Gesänge der Krieger.

Doch beim Morgengrauen brach das Ungewitter los.

In Massen stürmten die Indianer gegen das Fort, jener Stelle zu, die Pontiac schon lange zuvor als Angriffsziel bezeichnet hatte.

Gladwyn war gewappnet.

Auf eben diese Stelle waren alle seine Geschütze gerichtet.

Dort hatte er seine Soldaten postiert.

Und damit die Indianer auch mit Bestimmtheit in den sicheren Tod stürmten, hatte er eine künstliche Bresche schlagen lassen.

Ungestüm drängten die Angreifer in die Gasse.

Ein einziger Triumphschrei stieg aus ihren Reihen.

Diesmal mußte es gelingen!

Da gab Major Gladwyn das Zeichen und auf einen Schlag brüllten die Geschütze auf, prasselte das Salvenfeuer der Soldaten los.

Die Wirkung war verheerend.

Nur wenige Überlebende entkamen dem Gemetzel und flohen Hals über Kopf in den schützenden Wald zurück.

Pontiacs Stern war erloschen!

Und es wiederholten sich die gleichen Geschehnisse wie seinerzeit vor Fort Pitt.

Die Indianer gaben die Belagerung auf und schon wenige Stunden später erschienen einzelne Häuptlinge vor Major Gladwyn, um ihre Unterwerfung anzubieten.

*

Inzwischen hatte aber auch Sir Jeffry Amherst neue Maßnahmen gegen Pontiac ergriffen.

Der unnahbare, hochmütige Engländer war erbittert darüber, daß die Indianer Fort Detroit immer noch belagerten und er fürchtete, deswegen beim König in Ungnade zu fallen.

Jeder Bericht aus seinem Hauptquartier, den er nach

London sandte, stellte den baldigen Fall des Forts in Aussicht und jede Weisung aus der Hauptstadt forderte immer dringlicher und immer schärfer, daß nun mit dem Aufstand endlich einmal ein Ende gemacht werden müsse.

Amherst schob die ganze Schuld auf Gladwyn, aber am englischen Hof war man nicht bereit, so ohne weiteres an diese Anklage zu glauben.

Man begann an den militärischen Fähigkeiten Amhersts zu zweifeln.

Die Vorwürfe mehrten sich und Sir Jeffry erkannte, daß es um ihn geschehen war, wenn er den Krieg nicht rasch beenden konnte.

Der General wußte gut genug, daß er in erster Linie Pontiac treffen mußte, wenn er den Krieg gewinnen wollte.

Den selben Pontiac, dessen Existenz er seinerzeit überhaupt nicht zur Kenntnis genommen hatte.

Und da Sir Amherst militärisch nicht fähig war, sein Ziel zu erreichen, versuchte er es auf anderen, leichteren und vielleicht erfolgversprechenden Wegen.

Er setzte einen Kopfpreis auf Pontiac aus!

«Hundert Goldpfund demjenigen, der Pontiac tötet und als Beweis den Kopf des Häuptlings vorzeigen kann.»

So lautete die Ankündigung, wohl versehen mit dem Namenszug des Generals, der in jeder Siedlung angeschlagen wurde und die man auch den Indianern zur Kenntnis brachte.

Aber vorläufig hatte Amherst sich verrechnet.

Es fand sich keiner, ob Weißer, ob Indianer, der dieses Judasgeld zu verdienen trachtete.

Dieser Mißerfolg kränkte Sir Jeffry tief.

Die Galle stieg ihm hoch.

Da fuhr ihm eine teuflische Idee durch den Kopf.

Er rief seinem Sekretär und diktierte ihm dem Wortlaut nach folgenden Brief an Oberst Henri Bouquet in Fort Pitt:

«Mein lieber Oberst, es ist notwendig, daß ich Ihnen Folgendes zur Kenntnis bringe: Nicht als edler Feind, sondern als das erbärmlichste Geschlecht von Wesen, das je die Erde unsicher gemacht hat, dessen Ausrottung als verdienstliches Werk betrachtet werden darf, müssen die Indianer behandelt werden. Sie werden daher inskünftig keine Gefangenen mehr machen, sondern alle Angehörigen dieses Räubervolkes töten lassen. Dem Erleger Pontiacs, dieses feigen Schuftes von Ottawa-Häuptling, habe ich, wie Sie bereits erfahren haben, eine Belohnung von 100 Goldpfund zugesagt. — Aber das genügt bis jetzt anscheinend nicht. Wir müssen rasch handeln. Überlegen Sie sich deshalb, ob man nicht die schwarzen Pocken oder sonst eine Seuche unter die rebellischen Indianer bringen könnte? Oder wüßten Sie ein noch besseres Mittel, um das Land rasch und gründlich von dieser Plage zu befreien?»

Und zur Unehre des Obersten Bouquet sei festgehalten, daß seine Antwort an Sir Amherst lautete:

«Sir, ich habe Ihre Weisungen genau gelesen und ich werde mich danach richten. Ich will's versuchen, den Indianern die Pocken mittels einiger Decken, die man ja irgendwie liegen lassen kann, beizubringen. Hoffentlich werde ich nicht selber dabei angesteckt. Aber vielleicht kann man das Ungeziefer auf solche Weise wirklich ausrotten. Lieber hätte ich für diesen Zweck etwa Bluthunde eingesetzt, wie das die Spanier seinerzeit mit Erfolg getan haben. Leider sind solche Tiere nicht verfügbar.»

Umgehend antwortete Amherst wieder:

«Recht, recht, stecken Sie nur das Gesindel mit Pockendecken an! Nichts dürfen wir unversucht lassen, das widerliche Gewürm zu vertilgen. Aber seien Sie vorsichtig!»

Ob dieser scheußliche Plan zur Ausführung kam, ist nicht erwiesen.

Möglich, daß Bouquet davor zurückschreckte und daß er mit seiner schriftlichen Zustimmung den General nur hinhalten wollte.

Dem Obersten nämlich war ebenfalls bekannt, daß Amhersts Stellung wacklig geworden war.

Sir Jeffry wurde denn auch kurz danach abgelöst.

Generalmajor Gage trat an seine Stelle.

Dieser hielt Amhersts Kopfpreis auf Pontiac zwar aufrecht, hingegen beeilte er sich, die an Bouquet erlassenen Weisungen rückgängig zu machen.

Sie waren durch die Niederlage Pontiacs vor Fort Detroit überflüssig geworden.

Generalmajor Gage war ein energischer und ein kluger Mann und er erkannte klar die Möglichkeiten, die sich England nach dem Scheitern des Indianeraufstandes boten.

Jetzt galt es für ihn nur noch zuzugreifen, das ganze Land, das bisher den feindlichen Stämmen gehörte, in Besitz zu nehmen und soweit als möglich westwärts vorzustoßen.

Denn schließlich mußten die Besiegten für den «grundlos vom Zaume gerissenen Krieg» auch bezahlen und die Engländer akzeptierten nur — Land!

Zielstrebig war ihre Politik, aber heuchlerisch.

Denn es ist geschichtlich erwiesen und es hat sich in späteren Jahren wiederholt, daß die Engländer so oder so einen Kriegsgrund gesucht und auch gefunden hätten, um die rechtmäßigen Besitzer des Ohiotales und der umliegenden Gebiete — alles in allem eine Fläche von der Ausdehnung Frankreichs, Belgiens und Hollands zusammen — zu vernichten oder zu vertreiben.

Nun waren sie die Angegriffenen gewesen!

Desto höher setzten sie den Siegespreis an.

General Bradstreet und Oberst Putnam wurden mit starken Truppen in Marsch gesetzt, um die Stämme rings um Detroit zur Unterwerfung zu zwingen und ihr Gebiet zu besetzen.

Oberst Bouquet erhielt Befehl, von Fort Pitt aus westwärts vorzustoßen und allen drei Offizieren hatte Gage angeraten rücksichtslos, «mit Feuer und Schwert», gegen die rebellischen Horden vorzugehen und sie zu bestrafen.

*

Bouquet, Bradstreet und Putnam hatten keine schwere Aufgabe zu lösen.

Dem indianischen Widerstandswillen war das Rückgrat gebrochen.

Keine erbitterten Nachhutgefechte wurden den vorrückenden Truppen geliefert.

Keine Hinterhalte waren zu befürchten.

Keine Kugel und kein Pfeil wurden gegen die Rotröcke abgeschossen.

Ihr Vormarsch glich einem Triumphzug.

In jedem Dorf wurden sie mit überwältigender Herzlichkeit empfangen und gastfreundlich aufgenommen.

Berge von Wildbret häuften sich vor den Soldaten.

Kostbare Geschenke, aus wertvollen Pelzen gearbeitet, erhielten die Offiziere.

In langen Reden beteuerten die Häuptlinge ihre Freundschaft mit den Agalaschima und beim Rauche der Pfeife schworen sie, sich nie mehr gegen die Engländer zu erheben.

Gleichzeitig schoben sie die ganze Schuld an allem, was geschehen war, auf Pontiac.

Sie nannten ihn einen Verräter.

Die Ottawa setzten ihn als Häuptling ab und stießen ihn aus der Stammesgemeinschaft aus.

Sie verfluchten ihn, stellten den noch vor kurzem von ihnen verehrten Häuptling als eine Ausgeburt der Hölle dar und jammerten zerknirscht und reuevoll über ihre Schwäche, daß sie Pontiacs «Lockungen und Drohungen» gegenüber nachgiebig gewesen waren.

Es war erbärmlich!

Und wenn die Engländer auch nicht, wie Gage es befohlen hatte, mit Feuer und Schwert gegen die Indianer vorgingen, so kannten sie dennoch keine Milde.

Trotz allen Reden der Häuptlinge, trotz allen Gelagen und Friedensschwüren, wichen Bouquet, Bradstreet und Putnam nicht einen Finger breit von ihren Forderungen ab.

Diese lauteten kurz und bündig: Land!

Da nützte alles Wehklagen, alles Bitten und Flehen nichts, da mochten die Häuptlinge noch so sehr alle Schuld auf Pontiac wälzen — die Engländer blieben hart und unerbittlich.

Friede? Ja!

Schonung? Gewiß!!

Aber euer Land wollen wir haben!

Nur den Irokesen gegenüber zeigten sich die Agalaschima zugänglich und verständnisvoll und waren sie bereit, großmütig auf ihre Forderungen zu verzichten.

«Meine Brüder», sagte General Bradstreet mit väterlicher Strenge zu Giangwatha, Schilahin und anderen Irokesenhäuptlingen, die sich in seinem Lager eingefunden hatten, «Meine Brüder, ihr seid den verderblichen

Lockungen eines größenwahnsinnigen Gauklers gefolgt. Leichtfertig habt ihr unsere freundschaftlichen Warnungen in den Wind geschlagen und in verräterischer Weise habt ihr gegen uns Krieg geführt. Wir haben das nie verstehen können, Brüder.

Unter den Weißen gab es und gibt es nur eine Nation, die sich euch stets in Treue verbunden fühlte und das waren die Agalaschima. Euer Verrat hat uns tief getroffen. Wie sollen wir euch noch Vertrauen schenken? Wir hoffen, daß ihr wenigstens eine Lehre aus der jüngsten Vergangenheit gezogen habt: es lohnt sich nicht, gegen uns das Kriegsbeil zu erheben! Wir sind großmütig und wir sind bereit zu verzeihen. Aber wehe euch, Häuptlinge, wenn ihr noch einmal unser Vertrauen mißbraucht! Dann wird unsere Rache unerbittlich sein!»

Beschämt senkten die gemaßregelten Häuptlinge ihre kahl geschorenen Köpfe.

Bradstreet winkte seinem Adjutanten.

«Hängt den Burschen die Medaillen um den Hals», befahl er.

Der Offizier entnahm einer Truhe die tellergroßen Medaillen aus Zinn, auf denen der Kopf des Königs eingeprägt war.

«Das Bild unseres großen und allmächtigen Königs soll euch stets gegenwärtig sein und euch an euer Bündnis mit uns erinnern», sagte General Bradstreet feierlich.

Dann ließ er Kaffee, Tee, Zucker, Tabak, Decken und Waffen verteilen und entließ die Häuptlinge in huldvoller Gnade.

Die Irokesen zeigten sich nicht undankbar.

Später, als die Engländer im Unabhängigkeitskriege sich für den Bestand ihrer Kolonien wehren mußten, kämpften die Irokesen treu und unbeirrt und bis zur bitteren Niederlage an ihrer Seite.

Und sie kämpften mit einer Grausamkeit und Wildheit, die selbst ihre Kriegführung unter Pontiac bei weitem übertraf.

Englands kluge und raffinierte Indianerpolitik trug, auf lange Sicht berechnet, wieder einmal reiche Früchte.

Daß diese aber nicht eingebracht werden konnten, mag der ausgleichenden Gerechtigkeit zugeschrieben werden.

*

Im Jahre 1764 wurde vor Detroit der Friede zwischen den Engländern und den ehemals feindlichen Indianerstämmen feierlich unterzeichnet.

General Bradstreet, als Vertreter des Oberkommandierenden und der englischen Krone, nahm die Ergebenheitsadressen der Häuptlinge entgegen.

Er hatte ein Prunkzelt errichten lassen und darin saß er, in eine scharlachrote, goldstrotzende Uniform gekleidet, wie ein König auf dem Thron.

Vor ihm stand ein Tisch und darauf lag das «Sprechende Papier», dessen Buchstaben, Worte und Sätze für alle Zeiten festhielten, daß die Indianer mit dem ihnen aufgezwungenen Landverzicht einverstanden waren.

Beidseits des Zeltes reihten sich die Linien der Soldaten und Offiziere und zwischen ihnen kauerten die Indianer auf dem nackten Boden.

Einer nach dem andern, wurden die Häuptlinge aufgerufen und folgsam, demütig, ehrerbietig traten sie vor den Tisch und malten mit unbeholfener Hand ihr Totem, ihr persönliches Kennzeichen, auf den Vertrag.

Keinem blieb dieser schwere Gang erspart.

Lahmer Elk und Stumpfer Pfeil, die Bezwinger von Fort Sandusky, leisteten ihre Unterschrift.

Mit undurchdringlichen Gesichtern taten es Shingas und Weindohela, König Biber und Schildkrötenherz, die vor Fort Pitt gefochten hatten.

Häuptling Cornstalk, der Eroberer von Fort Presqu' Isle, mußte sich fügen und sich den verhaßten Engländern unterziehen. Er allerdings war stark und anständig geblieben und nur unter Protest malte er sein Totem auf den Vertrag.

Es traten vor Bradstreet die Häuptlinge der Wyandot, der Potowatomie, der Micmac und der Abenaki, der Chippewa und der Miami, der Ottawa und der Peoria und wie die Stämme und Nationen alle hießen.

Nur einer fehlte — der wichtigste und bedeutendste von allen: Pontiac!

Er hatte seine Zustimmung verweigert.

Der Fischotter sollte nicht auf einem Vertrag stehen, der das Ohiotal und die vielen anderen indianischen Gebiete den Weißen auslieferte.

«Wo ist Pontiac? Wo bleibt Pontiac?»

Mißmutig hatte Bradstreet die Frage gestellt.

Die Häuptlinge blickten verwundert, sie zuckten die Achseln.

Pontiac?

Was wußten sie, wo Pontiac sich aufhielt?

In den Wäldern wahrscheinlich.

Aber suche jemand einen Indianer in der Wildnis des Urwaldes.

Bradstreet erinnerte die Häuptlinge an die ausgeschriebene Belohnung.

Da senkten sie ihre Köpfe.

Gut, sie hatten Pontiac angeschwärzt, hatten alle Schuld auf ihn gehäuft, hatten ihn verantwortlich gemacht für das, was geschehen war.

Aber verraten?

Nein, dazu gaben sie sich nicht her!

Mochten die Weißen zusehen, wie sie ihn erwischten.

Nicht einmal jene Häuptlinge, die vor kurzem noch unterwürfig und um ihr Leben bangend, sich anerboten hatten, auf Pontiac Jagd zu machen, wollten jetzt etwas davon wissen.

Da gab Bradstreet kurzerhand seinem Adjutanten Befehl, Pontiacs Totem auf den Vertrag zu malen.

Fertig! Aus!

Aber da war noch eine andere Frage, die gelöst werden mußte.

Die von den Indianern gefangenen Offiziere und Soldaten waren schon vor Unterzeichnung des Friedens wieder ausgeliefert worden.

Sie waren von den Indianern, den Umständen entsprechend, gut und menschlich behandelt worden.

Pontiac hatte seine schützende Hand über sie gehalten und zwar selbst dann noch, als sein Stern längst im Sinken war.

Er hatte es abgelehnt, an den wehrlosen Soldaten billige Rache zu nehmen und deshalb hatten Captain Etherington, Fähnrich Paulli, Fähnrich Christy, Leutnant Jenkins und viele andere Angehörige der englischen Armee, wieder den Weg in die Freiheit gefunden.

Doch in den Dörfern der Indianer lebten noch viele andere Weiße, namentlich Frauen und Mädchen, aber auch Knaben und Jünglinge, die zum Teil schon lange vor Ausbruch des Krieges von den Indianern geraubt und später in ihre Gemeinschaft aufgenommen worden waren. Auch diese Weißen wollte man wieder zurückhaben.

Ihre Angehörigen, soweit sie noch lebten, hatten nie die Hoffnung aufgegeben, die vermißten Töchter und Söhne, Gattinnen, Mütter und Tanten wieder in ihre Arme zu schließen.

Die Gelegenheit dafür war nie günstiger als jetzt.

Deshalb gab Bradstreet den Häuptlingen Befehl, sich mit allen in ihrer Gewalt befindlichen Weißen am Muskingum River einzufinden und sie dort den Angehörigen auszuliefern.

Dieser Befehl traf die Indianer nicht minder hart als der Verlust ihrer Heimat.

Aber sie erhoben keinen Widerspruch, denn Bradstreet hatte angedroht, jeden Stamm bis auf das letzte Glied auszurotten, der sich weigern würde, diese Anordnung zu befolgen.

Oberst Bouquet wurde beauftragt, die Gefangenen entgegenzunehmen.

*

Mit seinen Hochländern und begleitet von mehr als zweitausend Männern und Frauen, zog er nach dem Muskingum, wo der letzte Akt dieser Tragödie sich abspielen sollte.

Und wirklich, es war eine Tragödie — vor allem für die Indianer!

Einige Hundert Weiße beiderlei Geschlechts waren herbeigebracht worden, standen mit ihren indianischen Pflegeeltern, mit ihren indianischen Gatten und Gattinnen und mit ihren indianischen Brüdern und Schwestern in Grüppchen herum und harrten zumeist verwirrt und ohne Verständnis der Dinge, die da kommen sollten.

Erschütternde Szenen des Wiedersehens und Wiederfindens spielten sich ab zwischen den weißen Angehörigen und jenen Gefangenen, die erst im Verlaufe der letzten Monate in die Gewalt der Indianer geraten waren.

Weinend vor Freude fielen sich Mütter und Töchter in die Arme, hielten sich eng umschlungen und dankten dem Obersten Bouquet mit überschwenglichen Worten für diese glückliche Wendung des Schicksals.

Aber tragisch war es für jene Eltern, die unablässig suchten und suchten und ihre vermißten Kinder doch nicht wieder fanden.

Die Soldaten mußten scharf aufpassen, denn mancher enttäuschte und ergrimmte Vater hob seine Waffe, um an den Indianern Rache zu nehmen.

Oberst Bouquet hatte scharfe Weisungen herausgegeben.

Ein einziger solcher Racheakt hätte zu einem furchtbaren Gemetzel geführt, denn auch die Indianer waren auf das äußerste erregt.

Die Mehrheit der zur Auslieferung bestimmten Gefangenen nämlich, wollte gar nicht mehr in die Welt der Weißen zurückkehren.

Sie waren zu Indianern geworden und wollten es bleiben.

Viele besaßen keine Angehörigen mehr und ihrer, namentlich den Mädchen und Frauen, wartete ein Leben der Schande und des Ausgestoßenseins.

Niemand würde sich um sie kümmern, niemand würde sich ihrer annehmen.

Oberst Bouquet machte keine Zugeständnisse. Er war Soldat und er war entschlossen, den erhaltenen Befehl buchstabengetreu auszuführen.

Und dieser lautete, daß sämtliche Weißen zurückzukehren hatten.

Was nachher mit ihnen geschah, das kümmerte ihn nicht.

Längst waren die einst von den Indianern geraubten kleinen Mädchen, zu jungen Frauen herangewachsen, hatten sich verheiratet und waren oft schon zu Müttern geworden, die ihre Kinder zärtlich liebten.

Längst waren die kleinen Knaben groß geworden, hatten die Weihen des Kriegers erhalten, hatten sich verheiratet und waren Väter geworden.

Bradstreets unmenschlicher Befehl riß manche bisher in glücklicher Gemeinschaft lebende Familie brutal auseinander.

Mit Händen und Füßen wehrten sich die Betroffenen gegen die Trennung, doch Bouquet blieb unerbittlich.

Wenn die Hautfarbe weiß war, wurde Mann und Frau, Jüngling und Tochter, in Gewahrsam genommen. Es nützte ihnen nichts, daß sie nicht mehr englisch sprechen konnten, daß sie die Sitten und Bräuche ihrer früheren Umwelt vergessen hatten, daß sie keine Beziehungen mehr fanden zu ihren ehemaligen Angehörigen.

Weinen und Wehklagen übertönten bei weitem Freude und Jubel.

Trennungsschmerz war größer als die Freude des Wiedersehens.

Und auch manchem wetterharten, stoischen Krieger rollten Tränen über die hageren Wangen.

Ein junger Häuptling verübte auf dem Platz Selbstmord, aus Gram darüber, daß man ihm die weiße Gattin mit Gewalt aus seinen Armen gerissen hatte.

Zwei ehemals weiße Frauen stürzten sich mit ihren

Kindern vor Verzweiflung in den Fluß, weil sie den Abschied von ihren indianischen Gatten nicht überleben mochten.

Als Bouquet eine Woche später nach Fort Pitt zurückkehrte, begleiteten die Indianer den langen Zug, um die endgültige Trennung soweit als möglich hinauszuzögern.

Sie versorgten ihre einstigen Geschwister, Kinder und Gatten mit frischem Wildbret und suchten jede Gelegenheit zu nützen, um noch möglichst nah bei ihnen zu sein.

Qualvoll für Weiße und Indianer war dieses dauernde Abschiednehmen, dieses Hinauszögern der unwiderruflichen Trennung und doch dankten sie für jede Sekunde, die ihnen noch gewährt wurde.

Einigen gelang unterwegs die Flucht und einige konnten noch aus Fort Pitt entweichen.

Sie fanden wieder zurück in die Dörfer, wurden mit Jubel und mit offenen Armen empfangen und teilten in Zukunft Freuden und Leiden des indianischen Lebens.

XV.

Was aber war mit Pontiac geschehen?

Zuverlässiges ist bis zu seinem Tode nichts bekannt.

Man weiß, daß er sich mit neuen Plänen für einen noch größeren, noch umfassenderen Aufstand trug.

Solange Pontiac lebte, bildete er eine Gefahr für die Engländer.

Deshalb hielten sie das Angebot für den Kopfpreis des Häuptlings aufrecht.

Unstet muß der Häuptling herumgeirrt sein, bis er die Bitternis der Niederlage einigermaßen überwunden hatte.

Dann aber arbeitete er von neuem zielbewußt, methodisch, wie es in seiner Art lag, für die Verwirklichung seiner hochfliegenden Pläne, auf die er nie verzichtet hatte, auch in seinen schwärzesten Stunden nicht!

Für sie lebte er.

Für sie kämpfte er.

Diesmal wagte er sogar nach den Sternen zu greifen.

Ein indianisches Amerika wollte er begründen.

Und in diesem indianischen Amerika war kein Platz mehr für einen Weißen.

Nicht für die Engländer, aber auch nicht für die Franzosen, die ihn so grausam enttäuscht hatten und auch nicht für die Spanier, die tief unten im Süden ihr hartes Regiment ausübten.

Um diesen gewaltigen Plan auszuführen, mußte er den Kreis seiner Verschwörer unendlich viel größer ziehen.

Zu Fuß und im Kanu stieß der Unermüdliche weit in den Westen vor, bis zu den stolzen Sioux; südwärts bis an die Mündung des Mississippi und nordwärts hoch hinauf bis zu jenen Jägern, die auch im Hochsommer ihre dicken Pelzkleider nicht ablegen.

Er besuchte Stämme, die überhaupt noch nie einen weißen Menschen gesehen hatten.

Schwierig war es, diese mißtrauischen Indianer von einer Gefahr zu überzeugen, von der sie keine Ahnung besaßen.

Mit unendlicher Geduld und Behutsamkeit spann er seine Fäden, schloß er Glied um Glied zu einer Kette, die nie mehr reißen durfte.

Aber Pontiac ließ nicht locker.

So legte er den Grundstein zu einem indianischen Völkerbund, der bei weitem größer und mächtiger werden sollte, als das Bündnis von 1763.

Beharrlich, unermüdlich und mit der ihm eigenen Überzeugungskraft, suchte er die Häuptlinge und die Krieger für seine Sache zu gewinnen.

*

Den Engländern war die geheimnisvolle Tätigkeit ihres größten Feindes nicht ganz unbekannt, obwohl sie mit keinem Gedanken die Möglichkeit eines neuen Aufstandes erwogen.

Trotzdem war ihnen unbehaglich zu Mute, solange sie Pontiac lebendig wußten.

Suchpatrouillen durchstreiften die Wälder, drangen in die Indianerdörfer ein, kehrten das Unterste zuoberst, doch nie gelang es ihnen, den Häuptling zu fassen.

Unter den Stämmen im Ohiotal und im Gebiet der großen Seen gewann er sein früheres Ansehen langsam zurück.

Mit manchem Häuptling pflog er an verschwiegenem Ort eingehende Aussprache.

Er berührte mit keinem Wort die unerfreuliche Vergangenheit.

Er schilderte die Zukunft.

Er malte das gigantische Bild eines indianischen Amerika.

Und mancher Häuptling begann sich mit Pontiacs hohem Gedankenflug wieder anzufreunden.

Noch lebten die Stämme in ihrem Lande, doch allenthalben tauchten die Weißen auf, rodeten den Wald, bauten Siedlungen, vertrieben das Wild und behandelten die Indianer schlimmer als das Vieh.

Die Zeit arbeitete für Pontiac!

*

«Mich noch mehr Feuerwasser», grunzte der verkommene Peoria, der seit einigen Tagen um den englischen Posten herum lungerte.

Die Soldaten hatten ihren Spaß mit ihm.

Für einen Becher Rum tat er ihnen jeden Gefallen, wälzte sich im Kot, kroch wie ein Hund auf allen vieren, ließ sich bedrohen und anspucken — alles war ihm recht, wenn er als Belohnung einen Schluck «Feuerwasser» erwarten durfte.

«Da, komm her, du Mißgeburt von einem Menschen», gröhlte ein Soldat und streckte dem Indianer einen bis zum Rand mit billigem Fusel gefüllten Holzbecher entgegen.

«Komm her», lockte er, «mach schön Männchen!»

Der Peoria ließ sich auf seine Knie und beugte die Arme wie ein bettelndes Hündchen.

Die Soldaten schlugen sich vor Vergnügen auf die Oberschenkel.

«Und wie spricht der Hund?» mahnte der erste Soldat.

Folgsam bellte der Indianer. Seine tränenden, blutunterlaufenen Augen gierten nach dem Schnaps.

Er war sich nicht bewußt, daß er ein entwürdigendes Schauspiel bot, daß er tiefer gesunken war als alle seine Brüder, die wie er, den Boden unter den Füßen verloren hatten und die im Dienste der Engländer langsam aber sicher zugrunde gingen.

In seiner Trunkenheit, in seinem unstillbaren Verlangen nach «Feuerwasser» verhöhnte der Peoria die ganze indianische Rasse, tötete er bei den Weißen jede Achtung, die man sonst noch dem geringsten menschlichen Lebewesen entgegenbrachte.

Bittend streckte er den Arm aus.

Da warf ihm der Soldat hohnlachend den Becher mitten ins Gesicht.

Unwillkürlich, in aufflammendem Zorne, griff der Peoria an den Gürtel.

Aber da steckte kein Messer, da war keine Waffe, mit der er diese Beleidigung hätte vergelten können.

«Bring uns den Kopf des verdammten Pontiac», spottete der Soldat, «dann wirst du ein ganzes Faß Rum austrinken können.»

*

Das Schicksal geht oft verschlungene Wege.

Nur wenige Tage nach diesem Vorfall, schnappte der Peoria die Nachricht auf, daß Pontiac sich in der Nähe herumtrieb.

Flugs brachte er das Gerücht den Soldaten zur Kenntnis und noch während er die erhaltene Belohnung in seine Kehle rinnen ließ, stellten die Soldaten eine Suchpatrouille zusammen.

«Eigentlich könnte dieser verdammte Peoria mit uns kommen», sagte der Sergeant.

Er griff nach einem indianischen Schädelbrecher, den er einst erbeutet hatte, und warf ihn dem Indianer zu.

«He, du», befahl er, «du darfst uns begleiten. Vielleicht gelingt es dir, den Schuft aufzuspüren. Es soll dein Schaden nicht sein.»

Sie durchstreiften den Wald kreuz und quer und wollten nach Stunden die Suche wieder abbrechen, als der Peoria plötzlich zu Boden glitt.

Stocksteif blieben die Engländer stehen.

Vor ihnen öffnete sich eine Lichtung mit einem kleinen See.

Und am Ufer dieses Sees kauerte ein Indianer, den Kopf in die Hände gestützt.

Fragend sah der Sergeant den Peoria an.

«Pontiac!» flüsterte der Verräter.

«Es ist Pontiac! Ich kenne ihn», beharrte er, als die Soldaten zweifelnd die Köpfe schüttelten.

«Ich ihn töten!»

Und bevor der Sergeant etwas sagen konnte, glitt der Indianer wie eine Schlange durch das niedere Holz.

Mit klopfenden Herzen, mit angespannten Sinnen, starrten die Soldaten gebannt auf die reglose Gestalt.

Plötzlich sahen sie den Peoria emporschnellen.

Zwei kräftige Sprünge, ein sausender Hieb und der unbekannte Indianer sank entseelt zur Seite.

Es war Pontiac gewesen!

Die Nachricht von seinem Tode und wer sein Mörder gewesen war, verbreitete sich mit Windeseile unter den Stämmen.

Als erste schrien die Ottawa nach Rache, die Pontiac als Häuptling abgesetzt und ihn aus ihrer Gemeinschaft ausgestoßen hatten.

Der schurkische Peoria wurde wenige Tage nach seiner Tat von unbekannter Hand ermordet.

Sein Volk aber bekam den Zorn der Ottawa zu spüren. Es wurde von ihnen bis auf einen kleinen Rest ausgerottet.

Pontiacs Tod war gesühnt.